普通高等教育"十二五"应用型本科规划教材

ERP企业经营电子沙盘模拟实验

中国高等教育学会　组织编写
主编　王小燕　吴　茵　胡　梅　蔡敏容

中国人民大学出版社
·北京·

图书在版编目（CIP）数据

ERP企业经营电子沙盘模拟实验/王小燕等主编；中国高等教育学会组织编写. —北京：中国人民大学出版社，2014.3

ISBN 978-7-300-19044-0

Ⅰ.①E… Ⅱ.①王… ②中… Ⅲ.①企业管理-计算机管理系统-高等学校-教材 Ⅳ.①F270.7

中国版本图书馆CIP数据核字（2014）第048047号

普通高等教育“十二五”应用型本科规划教材

ERP企业经营电子沙盘模拟实验

中国高等教育学会 组织编写

主编 王小燕 吴 茵 胡 梅 蔡敏容

ERP Qiye Jingying Dianzi Shapan Moni Shiyan

出版发行	中国人民大学出版社		
社 址	北京中关村大街31号	**邮政编码**	100080
电 话	010－62511242（总编室）		010－62511770（质管部）
	010－82501766（邮购部）		010－62514148（门市部）
	010－62515195（发行公司）		010－62515275（盗版举报）
网 址	http://www.crup.com.cn		
	http://www.ttrnet.com（人大教研网）		
经 销	新华书店		
印 刷	北京密兴印刷有限公司		
规 格	185 mm×260 mm 16开本	**版 次**	2014年5月第1版
印 张	11	**印 次**	2018年2月第3次印刷
字 数	240 000	**定 价**	23.00元

前　言

随着社会对应用型人才需求的不断增加，各高校越来越重视对学生的实践能力与创新能力的培养。ERP沙盘软件作为高校实验教学软件之一，逼真、全面地体现了企业管理流程、展现了经营理念，加之高度的趣味性、对抗性、创新的团队式学习方式以及新颖的体验式教学方法，深受广大学习者的喜爱。

伟大的管理学家西蒙说过，管理即决策，这一点在ERP沙盘中得到了最好的诠释。学习者在整个实验过程中要作出上百次的决策，而决策的结果直接影响到模拟经营的结果。教学中我们发现，拍脑袋式的决策随处可见，这大大降低了学习者的学习效果。为此，在本书编写中，我们将以下两点贯穿全书：一是理论对实践的指导作用；二是决策过程的科学性。

本书共分为四篇：

第一篇，背景篇。从本质上看，企业经营管理的目标就是实现企业价值最大化，ERP理论作为当今最先进的管理理论和管理方法之一，是实现这一目标的重要途径。为此，本篇简要介绍了ERP理论和VBM理论。

第二篇，平台篇。该篇主要介绍了沙盘课程实验环境，通过将其分解为六个学习任务，即ERP沙盘模拟认知、模拟企业与环境认知、模拟企业运营流程学习、“商战”ERP沙盘学习、运营规则学习，以及经营评价规则学习，使学生逐步了解ERP沙盘实验的原理和掌握“商战”系统的使用方法。

第三篇，实验篇。该篇包括组建团队、企业模拟年运营、企业经营模拟三个实验任务。通过对该篇的学习，使学生体验以团队方式完成企业经营的全过程，实现从知识到能力的转化。同时，通过填写经过逻辑设计的相关表格，培养学生分析问题和科学决策的能力。

第四篇，案例篇。实验教学的主角是学生，学生为完成实验项目需投入大量的时间与精力，可以积累丰富的实践经验。该篇中，我们将一些优秀学员的实验报告改编成为5个案例，这些一手资料对初学者非常有益。

书中的附录部分包括团队评分表、市场预测数据、重要经营规则说明、课前预习练习题、学习分享等教学资料，以方便学习者使用。

在本书的编写过程中，林伟君、田小丹、李尘等教师，在文字编写与数据校验中做了大量工作。同时，本书的顺利完成离不开“沙迷”与“沙虫”的启发和帮助。在此要特别感谢广东金融学院的阮俊杰、张少成、林家存、黄惠婷、洪娟玲、陈俊达等同学提供的原始素材。书中引用了网站或其他著作中的内容，在此对作者一并致谢。

由于水平有限，疏漏和不足之处在所难免，希望广大读者多提宝贵意见，以便日后充实与完善。

王小燕

2014 年 1 月

目　录

第一篇　理论篇

第二篇　平台篇

第三篇　实验篇

第四篇　案例篇

附　录

第一篇

理论篇

ERP

任　务

认识 ERP 和 VBM

第一节　ERP 简介

一、ERP 的内涵

企业资源计划（Enterprise Resource Planning，简称 ERP）是当今企业经营和管理技术进步的代表，它是由美国著名的计算机技术咨询和评估集团 Garter Group 于 20 世纪 90 年代首先提出的。ERP 是指企业以客户为中心，利用信息技术对企业的物流、资金流、人流、信息流进行统一管理，通过将客户需求、企业内部的生产经营活动以及外部供应商资源整合在一起，以求最大限度地利用企业现有资源，实现企业经济效益的最大化。

ERP 从供应链管理的角度去优化企业资源，它对于改善企业业务流程、提高企业核心竞争力具有显著作用。作为当今国际上最为先进的企业管理模式之一，它在体现当今世界最先进的企业管理理论的同时，也提供了企业信息化集成的最佳解决方案，因而它是现代信息技术与先进企业管理理论和管理思想的完美结合。

ERP 的核心思想主要体现在以下三个方面：

（1）管理整个供应链资源。现代企业竞争不再是单个企业与单个企业之间的竞争，而已经演变为一条供应链与另一条供应链之间的竞争。企业仅靠自己的资源不可能有效地参与市场竞争，它必须把经营过程中的有关各利益方（如供应商、制造商、分销网络、客户等）纳入至一个供应链中，才能有效地安排企业自身的产、供、销活动，从而满足企业利用全社会一切市场资源快速、高效地进行生产经营的需求，使之在市场上获得竞争优势。

（2）精益生产与敏捷制造。ERF 的管理思想表现在两个方面：一是“精益生产”，企业按大批量生产方式组织生产时，要把客户、销售商、供应商、协作单位等纳入生产体系，要同他们从简单的业务关系变为利益共享的合作伙伴关系，组成企业的供应链。二是“敏捷制造”，当市场发生变化，企业遇到新的机会，企业的合作伙伴不一定能满足新产品开发生产的要求，企业会组织一个由特定的供应商和销售渠道组成的短期或一次性供应链，形成“虚拟工厂”，把供应和协作单位看成是企业的一个组成部分，运用“同步工程”方式组织生产活动，用最短的时间将新产品打入市场，时刻保持产品的高质量、多样化和灵活性。

（3）事先计划与事中控制。ERP 系统中的计划体系主要包括：主生产计划、物料需求计划、能力计划、采购计划、销售执行计划，经营预算、财务预算等，并且这些计划功能与价值控制功能已完全集成到整个供应链系统中，保证了企业对生产经营活动的事先控制。同时，ERP 系统通过定义事务处理相关会计核算科目与核算方式，在事务处理发生时会自动生成会计核算分录，保证了资金流与物流的同步记录和数据的一致性，从而实现根据财务资金现状追溯资金的来龙去脉，并进一步追溯所发生的相关业务活动，改变了资金信息滞后于物料信息的状况，便于实现事中控制和实时决策。

总之，在 ERP 发展过程中，计划贯通于其中，只是在不同发展阶段，计划的对象、计划的范围、计划的内容、计划的层次在不断扩大或扩展。

二、ERP 的计划层次

在 ERP 系统中，计划是其主线。ERP 系统主要包括五个计划层次，即经营规划、销售与运营规划、主生产计划、物料需求计划、车间作业计划和采购作业计划，如图 1—1 所示。

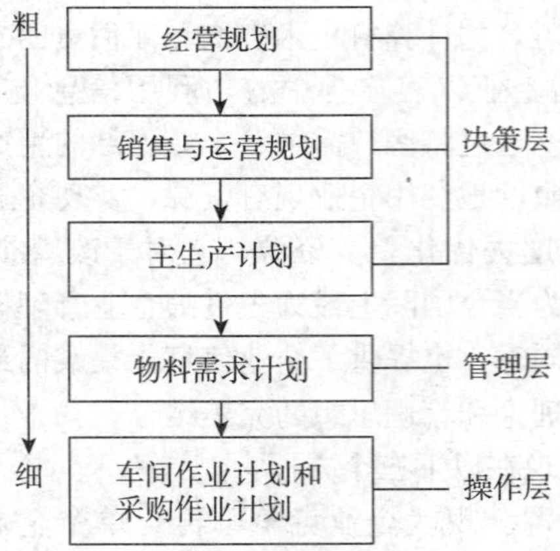

图 1—1　ERP 系统中的计划层次图

划分计划层次的目的是为了体现计划管理由宏观到微观、由战略到战术、由粗到细的深化过程。在对市场需求的估计和预测成分占较大比重的阶段，计划内容一般比较粗略，计划跨度也比较长；一旦进入客观需求比较具体的阶段，计划内容就会比较详细，计划跨度也会比较短。

在 ERP 系统五个计划层次中，经营规划和销售与运营规划具有宏观的性质；主生产计划是宏观向微观的过渡性计划；物料需求计划是微观计划的开始，是主生产计划的具体化；而车间作业计划和采购作业计划则是物料需求计划的执行或控制阶段。

1. 经营规划

ERP计划管理是从长远规划开始的，这个计划层次通常称为经营规划（Business Plan）。经营规划管理者从企业实际出发，为企业提出未来5年～10年采取的经营目标和战略。经营规划主要包含以下内容：

（1）确定产品开发方向及市场定位、预期的市场占有率。

（2）确定销售收入和利润。

（3）进行企业长远能力规划、技术改造和企业扩充或基本建设。

（4）规划职工培训和队伍建设。

（5）为企业的发展，特别是在财务和经济效益方面作出规划。

经营规划以货币单位表述，它是企业的总体目标，是各层计划的依据。之后的各个计划，都是对经营规划的进一步细化，不能偏离经营规划。

2. 销售与运营规划

销售与运营规划是根据企业经营规划目标，确定企业在未来1年～3年内，每一类产品每年、每季度、每月生产多少及需要占用哪些资源等。销售与运营规划的作用主要体现在以下四点：第一，把经营规划中用货币表达的目标转换为用产品系列的产量来表达；第二，制定一个均衡的月产率，以便均衡地利用资源，保持稳定生产；第三，控制拖欠量和库存量；第四，作为编制主生产计划的依据。

在制定销售与运营规划时，企业首先从整体上对市场需求和企业资源（包括生产能力）进行平衡，生成与企业资源相匹配的销售规划以及支持销售规划的生产规划。

销售规划是对产品族总需求的预测，例如，一个产品族中有四项产品，预测该产品族1年的销售数量是1 200单位，而每项产品的销售数量是300单位；生产规划是对每个产品族确定适当的生产率，如每个月生产100单位。

销售规划和生产规划之间是密切关联、相互制约的。从长远来说，企业的生产应该满足市场的需求，因此销售规划驱动生产规划；从短期来说，企业的生产率与其生产能力有关，因此销售规划要受到生产规划影响。

销售规划不一定和生产规划完全一致。例如，销售规划要反映季节性需求，而生产规划要考虑均衡生产。在不同的销售环境下，生产规划的侧重点也不同。对现货生产（Make To Stock，MTS）类型的产品，生产规划在确定月产率时，要考虑已有库存量。如果要提高成品库存资金周转次数，年末库存水准要低于年初，那么，生产规划的月产量就低于销售规划的预测值，不足部分用消耗库存量来弥补；对订货生产（Make To Order，MTO）类型的产品，生产规划要考虑未交付的拖欠订单量（Backlog），如果要减少拖欠量，那么生产规划的月产量要大于销售规划的预计销售量。

在面向库存生产的情况下，生产规划根据当前的和所希望的库存水平来控制生产率，用公式表述为：

生产规划量＝销售规划量＋期末库存量－期初库存量

在面向订单生产的情况下，生产规划根据当前的和所希望的未交付客户订单量来控制生产率，用公式可表述为：

生产规划量=销售规划量+期初未交付客户订单量-期末未交付客户订单量

3. 主生产计划

主生产计划（Master Production Schedule，MPS）的计划对象是把生产规划中的产品系列具体化以后的最终成品，即确定每一具体的最终产品在每一具体的时间段内生产数量的计划。主生产计划的基本原则是根据企业的能力确定要做的事情，通过均衡地安排生产实现生产规划的目标。

主生产计划是根据客户合同和预测，把销售与运营规划中的产品系列具体化，确定生产的产品，使之成为展开物料需求计划和能力需求计划运算的主要依据。由于主生产计划是驱动物料、能力和成本计划与控制于一体的正式系统，因而它要比销售与运营规划更为详细。因此，MPS是企业宏观计划向微观计划的过渡性计划，是沟通企业前向（市场、销售等需方）和后向（制造、供应等供方）的重要环节。

主生产计划和销售与运营规划的区别，如表1—1所示：

表1—1　　主生产计划和销售与运营规划的区别

	主生产计划	销售与运营规划
处理问题	产品搭配	销售额与产量的关系
计划目的	客户订单	市场开拓
详尽程度	详细计划	综合计划
计划目标	落实生产车间作业计划	协调企业主要业务部门计划
管理集中度	分散	集中
计划对象	最终产品	产品系列
计划时段	日或周	月或季
生产考虑	优先级	产出率
责任主持人	总经理	中层经理

主生产计划的编制主要包括收集、整理需求数据，确定计划期并划分时区，计算毛需求，计算净需求，产生初步计划等步骤。

提前期的概念主要是针对“需求”提出的，以交货或完工日期为基准倒排计划，推算出工作（采购、生产）的开始日期或订单的下达日期，期间的时间跨度称之为“提前期”。例如，生产部门需要采购部门在某一时间提供需要的物料，则采购部门必须提前一段时间（提前期）进行采购，否则，可能无法按时完成供货。生产管理中存在以下几种不同的提前期：

（1）生产准备提前期：从生产计划开始到生产准备完成（可以投入生产）。

（2）采购提前期：采购订单下达到物料完工入库的全部时间。

（3）生产加工提前期：生产加工投入开始（生产准备完成）至生产完工入库的全部时间。

（4）装配提前期：装配投入开始至装配完工的全部时间。

（5）累计提前期：指采购、加工、装配提前期的总和。

（6）总提前期：指产品的整个生产周期，包括产品设计提前期、生产准备提前期、采购提前准备期、加工、装配、试车、检测、发运的提前期总和。

4. 物料需求计划

物料需求计划（Material Requirement Planning，MRP）是主生产计划的具体化。它是根据主生产计划、物料清单和库存记录，对每种物料进行计算，确定什么物料必须在什么时候订货或开始生产、订多少或生产多少、每次的订货或生产的批量是多少等。

物料需求计划的基本原理如图 1—2 所示，它遵循两个基本原则：

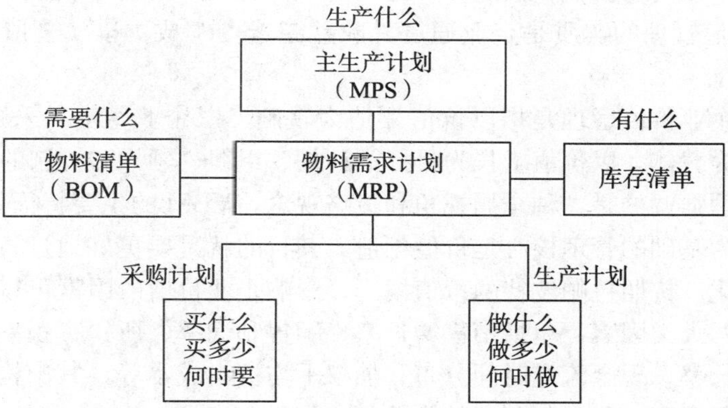

图 1—2　物料需求计划的基本原理

（1）从最终产品的 MPS 导出相关物料（原材料、零部件、组件等）的需求量和需求时间。

（2）根据物料的需求时间和生产（订货）周期来确定其开始生产（订货）的时间。

5. 生产作业计划

生产作业计划（Production Planning and Scheduling），属于 ERP 执行层的计划，也称为车间作业控制，是为了与其他四层计划名称一致才改称为车间作业计划。它是在物料需求计划输出的制造订单的基础上，对零部件生产计划的细化，是一种实际的执行计划。其管理目标是按物料需求计划的要求，按时、按质、按量与低成本地完成加工制造任务。生产作业的过程主要依据物料需求计划、制造工艺路线与各工序的能力编排工序加工计划，下达车间生产任务单，并控制计划进度，最终完工入库。

第二节　VBM 的内涵

从表现形式上看，企业的经营过程就是对企业资源的管理过程，通过对这些资源的有效管理，企业形成了进行生产活动、完成客户订单、创造社会财富、实现企业价值的基础。同时有效管理这些资源也反映了企业在竞争发展中的地位。而从本质上看，企业经营管理的过程就是企业管理者引导组织成员的行动与价值创造和股东目标保持一致，实现企业价值最大化目标的过程。

企业价值管理对企业的生存和发展具有重要作用，价值管理能将管理者的决策重点放在价值的驱动因素上，将远景总体目标、分析技巧及管理程序协调起来。价值管理要求上至企业 CEO 下至一线员工都能树立价值创造的概念，并深刻理解影响企业价值的关键性变量，实现价值最大化的战略目标。

关于企业价值管理（Value Based Management，VBM）的概念存在很多不同的观点，美国管理会计师协会 IMA 于 1997 年指出，价值管理是将企业的整体目标、分析方法和管理流程结合起来，通过对股东价值的关键驱动因素的管理决策，帮助实现企业最大价值的一种管理方法；Anonymous 于 1998 年提出，价值管理是关注组织战略和财务管理流程的一种不同的方式，为了实现价值的最大化，必须将整个组织机构包含在内；Simms 于 2001 年指出，价值管理的实质是企业通过其收益超过资本成本以实现股东价值最大化的管理哲学。

我们认为，企业价值管理是指以价值评估为基础、以企业生产、采购、销售、研发、财务等职能部门为载体，以价值增长为目标的计划、组织、领导和控制的全过程。

企业价值管理强调的是一种全局视角和战略观念，VBM 的主要特征是：

（1）以价值为基础的管理核心是价值创造，其目的就是要更好地进行价值创造，实现股东财富的最大化。按照拉帕波特的价值模型，影响企业价值的因素可以归纳为自由现金流量和资本成本两大类因素，包括销售增长率、销售利润率、所得税税率、固定资本增长率、营运资本增长率、现金流量时间分布和加权平均资本成本等，其中构成企业价值的关键因素有：资本回报率、收入与利润的增长、自由现金流。

（2）价值管理以“过程”为导向。价值管理强调管理是一个过程，要将价值评估和管理的方法引入管理过程的各个方面，包括战略、组织、计划、控制、评价等，特别关注如何运用价值观念进行战略和日常经营决策。

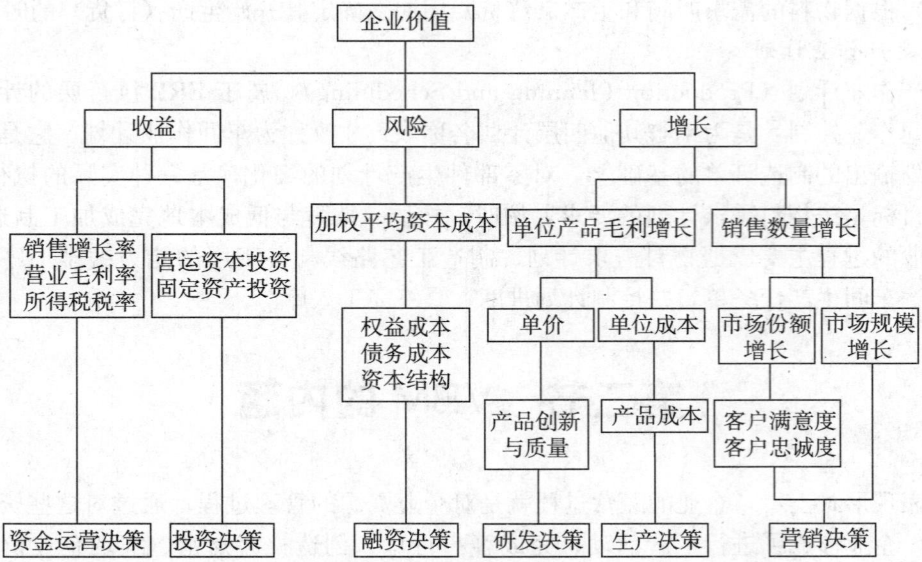

图 1—3　关键价值驱动因素树

（3）坚持“现金流量至上”原则。企业价值不是基于企业已获得的市场份额和利润数据，而是基于与适度风险相匹配的已经获得和可能获得的自由现金流量。自由现金流量的变化代表着企业实际的、可控制支配的财富的变化。

企业价值管理要求我们明确企业价值的含义和影响因素，实现对企业价值的有效控制。企业价值是企业未来经营所取得的全部收益按照一定的折现率折现后的现值，是企业获取持续收益综合能力的体现。企业通过获取高于资本机会成本的投资收益来实现企业价值创造。从大的方面看，影响企业价值的三大因素是收益、风险和增长，需要我们特别关注的是关键价值驱动因素，即在所有企业价值驱动因素中，能最大限度地增加整个企业价值的价值驱动因素，这涉及企业资金运营、投资、融资、研发、生产及营销等决策过程，如图1—3所示。

第二篇

平台篇

ERP

任务一

ERP 沙盘模拟认知

第一节　ERP 沙盘的产生与发展

沙盘一词来源于军事，它采用各种模型来模拟战场中的地形及武器装备的部署情况，结合战略与战术变化来进行推演，这种方法在军事上获得了极大的成功。1978 年，瑞典皇家工学院 Klas Mellan 将沙盘工具引入教学，开发出 ERP 沙盘并迅速风靡全球。2000 年，德国埃森大学在研究生教学中结合传统教学法和案例教学法，采用 ERP 模拟游戏的教学方法进行教学；2006 年，加拿大蒙特利尔大学通过 ERP 模拟游戏进行 ERP 相关概念的教学；2008 年，南加州大学开设“ERP 模拟游戏”课程，运用 SAP ECC 系统来展示不同商业活动之间的关系，让学生可以很好的进行实践。现在，国际上许多知名商学院和一些管理咨询机构均在使用 ERP 沙盘模拟演练，对职业经理人、MBA、经济管理类学生进行培训，以期提高他们在实际经营环境中决策和运作的能力。在中国，由用友、金蝶等软件公司于 21 世纪初相继开发了 ERP 沙盘模拟企业经营的教学版，并将其推广到高校实验教学中。现在全国已有数百所院校为学生开设了 ERP 沙盘课程，并且都取得了很好的教学效果。

第二节　ERP 企业经营沙盘模拟介绍

ERP 企业经营沙盘模拟，简称 ERP 沙盘模拟，就是以 ERP 沙盘为载体，运用代表先进的现代企业经营与管理技术的 ERP 理论和方法来模拟企业运营。在 ERP 沙盘模拟中，可以将 5 位～6 位学生分为一组，每组分别代表一家不同的虚拟生产制造企业。每个小组中的每位成员分别担任公司的重要职位，例如，首席执行官（CEO）、财务总监（CFO）、市场总监（CMO）、生产总监（COO）和采购总监（CPO）等。每个虚拟企业连续从事 6 个～8 个会计年度的企业经营活动，在客户、市场、资源及利润等方面进行一番真正的对抗与较量。

通过 ERP 沙盘模拟，可以帮助学生站在高层管理者的角度认清企业运营状况，从企业运营的战略视角，了解企业物流、资金流、信息流如何做到协同统一，认识 ERP 系统对于提升公司管理的价值；可以帮助学生站在中层管理者的角度了解整个公司的运作流程，提高全局和长远策略意识，了解各部门决策对企业业绩的影响，同时理解如何利用 ERP 系统处理各项业务和由此带来的决策的准确性；可以帮助学生站在一线管理人员的角度认识到企业资源的有限性和企业一线生产研发等部门之间的紧密联系，从而提升其策略性思考能力，提高与下属沟通技巧；可以帮助学生站在企业普通员工的角度从市场、财务、业务、工作流等相关角度深入理解企业资源运营。

第三节 “商战”ERP 电子沙盘系统简介

“商战”ERP 电子沙盘，以下简称“商战”，是用友软件股份有限公司在 2010 年推出的 ERP 企业经营模拟类软件。该软件是基于流程的互动经营模式，涉及整体战略、产品研发、设备投资改造、生产能力规划与排程、物料需求计划、资金需求规划、市场与销售、财务经济指标分析、团队沟通与建设等多个方面，全真模拟企业经营过程和市场竞争。“商战”主要由学生客户端、系统管理端、教师教学端三部分组成。

一、学生客户端可操作项目

（1）企业信息栏，用于查看模拟企业的资产状态、财务信息、库存采购信息、开发区信息、研发认证信息、组织结构信息、经营状态和进程信息等。

（2）营销管理模块，包括查看市场预测、企业营销广告投放、参加订货会、产品销售以及结算等。

（3）企业融资模块，包括长期贷款申请、短期贷款申请、应收账款贴现等。

（4）采购模块，包括原材料订单、提前采购期、原材料入库登记、紧急采购、库存管理、采购核算等。

（5）生产制造模块，包括购买或租用厂房、购买或租用生产线、生产线变卖及转产、产品生产排产等。

（6）市场管理模块，包括市场开拓、ISO 认证、新产品研发、企业间谍等。

（7）财务运营模块，包括现金盘点、应收账款管理、日常运营费用、销售成本结算、年度综合费用表、利润表、资产负债表等。

（8）规则运营参数模板（见附录四）。

（9）IM 信息系统，学生可以通过该系统进行组内信息沟通，也可以给教师发送相关信息。

二、系统管理端可操作项目

（1）数据初始化，包括设置学生组数（支持组数在 6 组～99 组），配套有不同组数的市场模拟环境等。

（2）系统参数，可设置模拟企业运行时的环境参数，例如，贷款额度、经营时间、选单时间、采购参数等。

（3）数据备份，可以进行系统自动备份和手工备份及数据恢复操作。

（4）管理员设置，可添加、修改、删除管理员信息等。

三、教师教学端可操作项目

（1）用户列表，可以随时查看和修改模拟企业的状态、增减模拟企业股本、还原模拟企业操作数据；可以随时查看贷款信息、应收账款信息、订单信息、采购、生产设备等各项数据和每年综合费用表、利润表和资产负债表等。

（2）排行榜，可以查看模拟企业经营的即时排名情况。

（3）订单管理，可以查看各组投放广告状况。

（4）竞单管理，可以查看各组竞单情况。

（5）经营分析，数据分析功能可以从不同角度和侧面进行模拟企业数据加工和分析对比。

（6）订单详细，模拟企业已选订单及订单详细信息。

（7）组间交易，用于进行模拟企业间有交易行为的操作。

（8）公共信息，用于查看每年模拟企业横向（组和组之间）的报表数据，例如，综合费用表、利润表、资产负债表、广告投放表，具有导出表等功能。

任务二

模拟企业与环境认知

第一节 模拟企业简介

“商战”系统中的模拟企业为一家新建生产制造型企业，未来主要专注于某行业的P系列产品的生产与销售。企业目前只拥有由股东注入的一定数额的启动资金①，其主要经营要素如厂房、生产线、产品技术、市场、ISO9000及ISO14000的认证均由模拟企业经营管理团队在未来经营中通过自主决策来获取。若启动资金为600万元，模拟企业起始年度财务状况，如表2—1所示。

表2—1 模拟企业起始年度财务状况表 单位：W②

资产	金额	负债及所有者权益	金额
流动资产：		负债：	
现金	600	长期负债	0
应收账款	0	短期负债	0
在制品	0	特别贷款	0
产成品	0	应交所得税	0
原材料	0	—	—
流动资产合计	600	负债合计	0
固定资产：		所有者权益：	
厂房	0	股东资本	600

① 资金数量由教师在上课中按照学生人数机动配置。

② W代表万元。

续前表

资产	金额	负债及所有者权益	金额
机器设备	0	利润留存	0
在建工程	0	年度净利润	0
固定资产合计	0	所有者权益合计	600
资产总计	600	负债和所有者权益总计	600

第二节　产品、市场和技术发展预测

模拟企业未来可以开拓本地、区域、国内、亚洲、国际 5 个市场，主要专注于某行业 P 系列产品的生产。P 系列产品包括 P1、P2、P3 和 P4，共 4 种产品。其中，P1 产品由于技术水平低，虽然近几年市场需求量较旺，但未来将会逐渐下降；P2 产品是 P1 产品的技术改进版，虽然技术优势会带来一定的需求量增长，但随着新技术出现，需求量最终会下降；P3、P4 产品为全新技术产品，发展潜力很大。

模拟企业市场预测信息如下[①]：

P 系列产品本地市场需求量与价格预测，如图 2—1 所示。P 系列产品在本地市场将会持续发展，对低端产品的需求可能要下滑，伴随着需求量的减少，低端产品的价格很有可能走低。后几年，随着高端产品的成熟，市场对 P3、P4 产品的需求将会逐渐增大。由于客户质量意识的不断提高，后几年可能对产品的 ISO9000 和 ISO14000 认证有更多的要求。

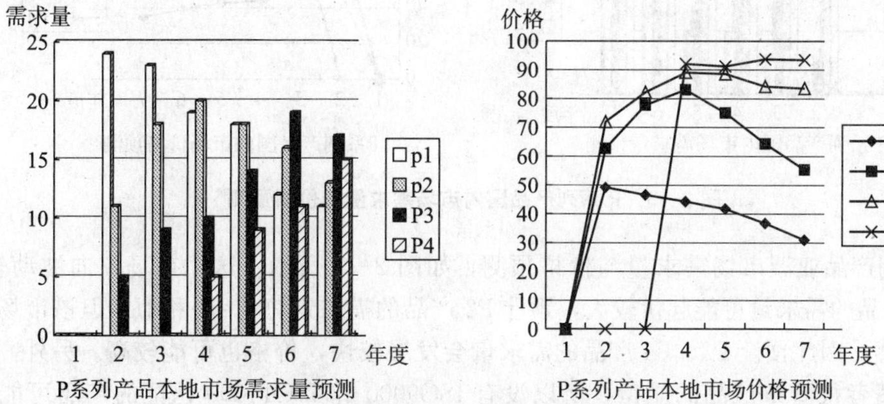

P系列产品本地市场需求量预测　　P系列产品本地市场价格预测

图 2—1　P 系列产品本地市场需求量与价格预测

P 系列产品区域市场需求量与价格预测，如图 2—2 所示。区域市场的客户相对稳定，P 系列产品需求量的变化很有可能比较平稳。因紧邻本地市场，所以产品需求量的走势可

① 以附录二中的数据为例。

能与本地市场相似，价格趋势也应大致一样。该市场容量有限，对高端产品的需求也可能相对较小，但客户会对产品的 ISO9000 和 ISO14000 认证有较高的要求。

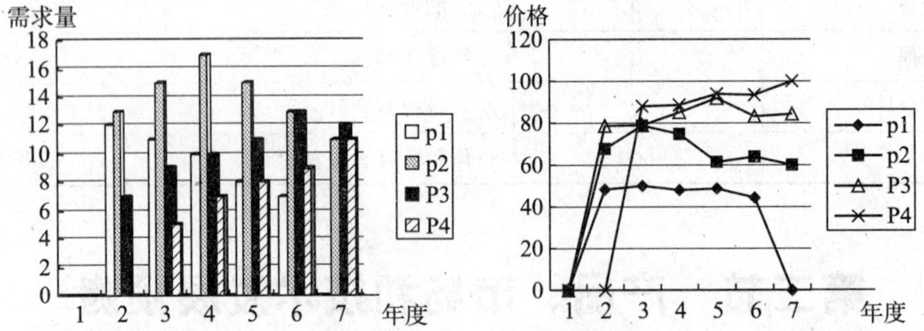

P系列产品区域市场需求量预测　　P系列产品区域市场价格预测

图 2—2　P 系列产品区域市场需求量与价格预测

P 系列产品国内市场需求量与价格预测，如图 2—3 所示。因 P1 产品带有较浓的地域色彩，预计国内市场对 P1 产品不会有持久的需求。但 P2 产品因更适合于国内市场，预计需求一直比较平稳。高端产品价格较为平稳，低端产品价格则走低。随着对 P 系列产品的逐渐认同，预计国内市场对 P3 产品的需求会逐渐增大，但对 P4 产品的需求就不一定像 P3 产品那样旺盛了。当然，对高价值的产品来说，客户一定会更注重产品的质量认证。

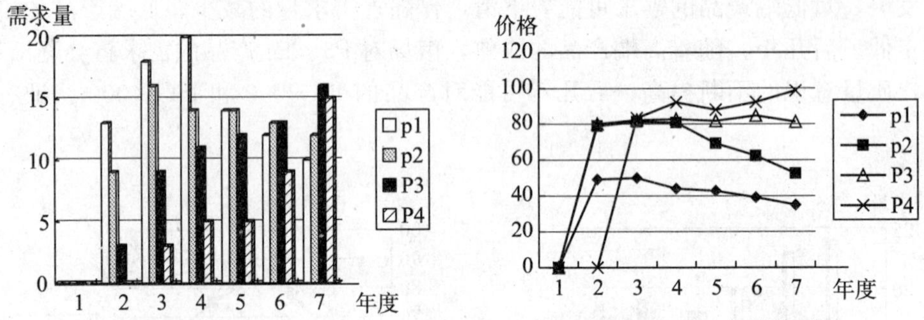

P系列产品国内市场需求量预测　　P系列产品国内市场价格预测

图 2—3　P 系列产品国内市场需求量与价格预测

P 系列产品亚洲市场需求量与价格预测，如图 2—4 所示。这个市场一向波动较大，所以 P1 产品的需求量可能起伏较大，预计 P2 产品的需求走势与 P1 相似。但该市场对新产品很敏感，因此预计 P3、P4 产品的需求量会发展较快，价格也可能较高。另外，这个市场的消费者很看重产品的质量，所以没有 ISO9000 和 ISO14000 认证的产品可能很难销售。

P 系列产品国际市场需求量与价格预测，如图 2—5 所示。P 系列产品进入国际市场可能需要一个较长的时期。有迹象表明，消费者对 P1 产品已经有所认同，但还需要一段时间才能被市场接受。同样，消费者对 P2、P3 和 P4 产品也会很谨慎地接受，需求量增长较慢。国际市场 P1 价格显然高于其他市场，P2、P_3 和 P4 产品价格总体呈缓慢上升趋势，略有波动。当然，国际市场的客户也会关注具有 ISO 认证的产品。

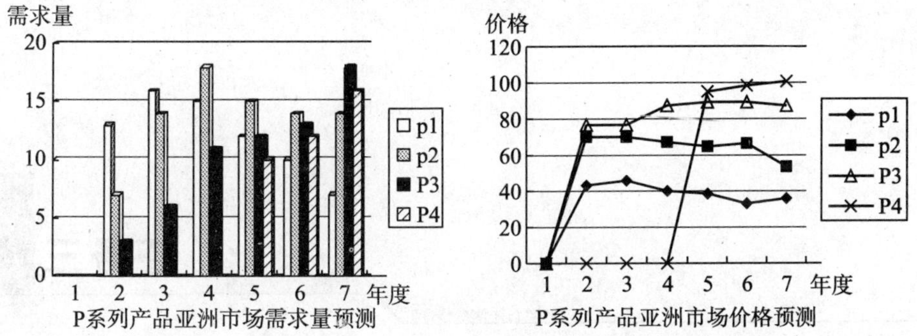

图 2—4　P 系列产品亚洲市场需求量与价格预测

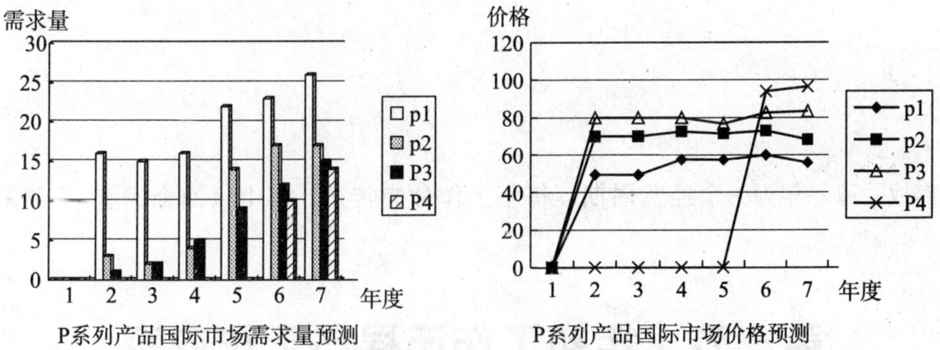

图 2—5　P 系列产品国际市场需求量与价格预测

任务三

模拟企业运营流程学习

“商战”以一年为一个经营周期，每年工作分为年初、年中（四个季度）、年末三个阶段。

第一节　年初工作流程与工作内容

年初主要工作流程与工作内容，如图 2—6 所示。

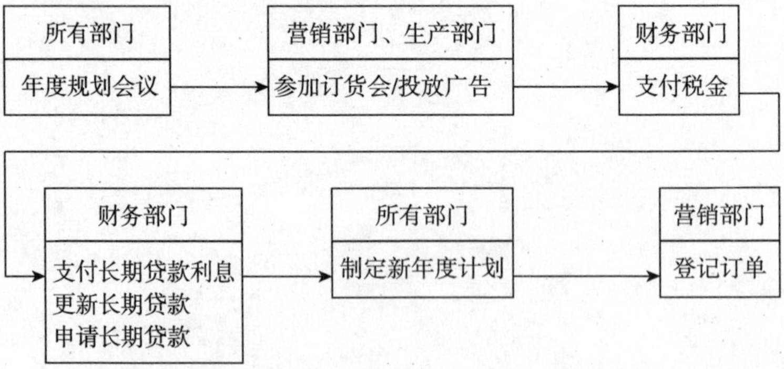

图 2—6　年初工作流程与工作内容

一、年度规划会议

孙子云：“多算胜，少算不胜，而况于无算乎”。企业高层管理人员在最初创建企业时，就需要召开年度规划会议，从企业实际出发，为企业制定未来 5 年～8 年的经营目标和战略，以后每年年初，对该战略进行调整和补充，并作出生产经营规划。具体来讲，需要做好销售与运营规划、生产能力预估以及预算。

（1）销售与运营规划。根据企业经营规划目标，确定企业在未来1年～3年内，每一类产品每年、每季、每月生产多少及需要占用哪些资源等。在制定销售与运营规划时，企业首先从整体上对市场需求和企业资源（包括生产能力）进行平衡，生成与企业资源相匹配的销售规划以及支持销售规划的生产规划。

生产规划是对每个产品族确定适当的生产率，如某个生产周期生产多少产品。销售规划和生产规划之间是密切关联、相互制约的。从长远来说，企业的生产应该满足市场的需求，因此销售规划驱动生产规划；从短期来说，企业的生产率与其生产能力有关，因此销售规划要受到生产规划的影响。

（2）生产能力的预估主要依据企业期末各种物料的库存量和生产线的生产状况。营销总监在参加订货会之前，需要和生产总监计算出运营年每个季度产品的最大产出数量，从而确定每个季度产品的可销售数量，为获取当年订单做好准备。

（3）预算是企业经营决策和长期投资决策目标的一种数量表现，即通过有关的数据将企业全部经济活动的各项目标具体地、系统地反映出来。

销售预算是安排预算期销售规模的预算。它是编制全面预算的关键和起点，其他预算均以销售预算为基础。通常销售预算是在销售预测的基础上，根据企业年度目标利润确定的销售的产品、销售的数量、单价和销售收入等。

资金预算主要是在生产计划以及销售预算确定之后，围绕企业的资金投入来进行。在合理计算企业运营的各项费用，主要包括行政管理费、广告投入费、市场开拓费、产品研发费、ISO认证费、设备购置费等，可以用盈亏平衡法初步计算盈亏平衡点产量。

二、参加订货会/投放广告

各模拟企业派营销总监与生产总监参加订货会，按照企业的市场地位、广告投放、竞争态势、市场需求等条件争取客户订单。系统自动扣除广告费用，财务总监记录支出的广告费。

注意：争取客户订单前，应以企业的产能、设备投资计划等为依据，避免接单不足，导致设备闲置，或盲目接单，以致无法按时交货，引起企业信誉降低，造成损失。

三、支付税金

依法纳税是每个企业及公民的义务。系统按照上一年度利润表的“应付所得税”一项的数值，自动从现金中扣除税金，财务总监记录支出的所得税。

四、支付长期贷款利息/更新长期贷款/申请长期贷款

支付长期贷款利息：长期贷款的还款规则是每年付息，每年需要支付10%的利息，到期还本。支付利息时，系统自动从现金库中扣除长期贷款的利息费用，当长期贷款到期时，系统自动从现金库中扣除本金及当年的利息，财务总监做好现金收支记录。

更新长期贷款：如果企业有长期贷款，系统自动将贷款年限减掉1年。

申请长期贷款：长期贷款只有在年初可以申请。可以申请的最高额度为：

上一年所有者权益×3－(未偿清的短期贷款＋未偿清的长期贷款)

注意：如果企业已经有到期负债，必须先偿还到期负债才可以在额度充足的前提下继续申请长期贷款。

五、制定新年度计划

在明确当年的销售计划后，需要以销售为龙头，结合企业对未来的预期，编制生产计划、采购计划、设备投资计划并进行相应的资金预算。将企业的供产销活动有机结合起来，使企业各部门工作形成一个有机的整体。

六、登记订单

客户订单相当于与企业签订的订货合同，需要进行记录管理。

第二节　每个季度工作流程与工作内容

模拟企业每年分四个季度经营，每个季度的工作流程和工作内容，如图 2—7 所示。

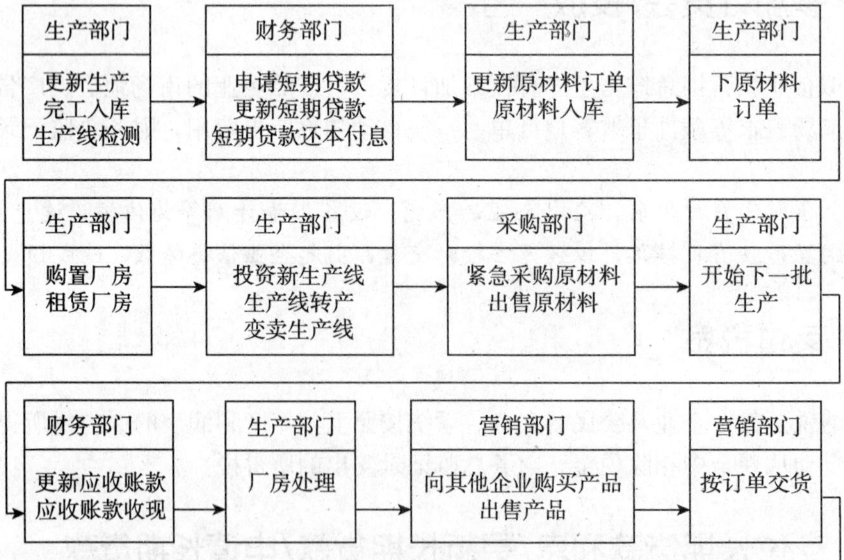

图 2—7　每个季度的工作流程与工作内容

一、更新生产/完工入库/生产线检测

在当季开始时，系统首先自动检查生产线上的在制品，将不同生产线上的在制品生产周期减掉 1 个季度，当生产周期减到 0 时，表示产品已经完成生产，产品完成生产后自动进入产成品库。同时，系统自动检查生产线完工、转产完工情况。

二、申请短期贷款/更新短期贷款/短期贷款还本付息

申请短期贷款：短期贷款只有在这一时点上可以申请。可以申请的最高额度为：

上一年所有者权益×3－(未偿清的短期贷款＋未偿清的长期贷款)

更新短期贷款：如果企业有短期贷款，系统将在进行“当季开始”操作时自动将贷款期限减掉 1 个季度。

短期贷款还本付息：短期贷款的还款规则是利随本清。短期贷款到期时，系统自动从现金中扣除本金同时支付 5%的利息。财务总监要做好现金收支记录。

三、更新原材料订单/原材料入库

购买原材料必须要提前下采购订单，当订单到期时，模拟企业必须无条件接受原材料并支付价款。财务总监要做好现金收支记录。

四、下原材料订单

采购总监根据年初制定的采购计划，决定采购的原材料的时间、品种及数量。

注意： *原材料订单一旦确认，不可以进行修改。*

五、购置厂房/ 租赁厂房

系统提供了四个厂房，厂房的购买与租赁费用参考“厂房购买、出售与租赁规则”（见附录四）执行。

六、投资新生产线/生产线转产/变卖生产线

投资新生产线：投资新设备时，选择生产线所在的厂房、生产线类型、生产产品类型。系统根据生产线的安装周期，每个季度扣除安装资金。财务总监做好现金收支记录。

安装资金＝设备购买总价值÷安装周期

生产线的建设可以中断，当扣除的总金额等于购买设备总金额时，表示生产线已经建设好了，在下一季度，可以开始投入使用。

生产线转产：生产线转产是指某生产线转为生产其他产品，即由原来生产A产品的产品线转成生产B产品。不同类型的生产线转产所需的转产时间及投入资金不同；生产线的转产只有在生产线空闲时才能进行；在满足转产周期要求并支付全部的转产费用后，才能开始新的产品生产。财务总监做好现金收支记录。

变卖生产线：只有生产线处在空闲状态下才可以变卖。

注意：生产线一旦建设完成，不得在各厂房间随意移动。变卖后，系统将生产线的残值收回到现金库中，净值高于残值的部分记入当年费用的损失项目。

七、紧急采购原材料/出售原材料

新产品上线时，原材料库中必须备有足够的原材料和加工费，否则系统将自动停工待料。在原材料不足的情况下，采购总监可以考虑向系统紧急采购原材料，购买的原材料做账时按照标准价格计算，高于标准价格的部分，记入“综合费用”的“损失”项；在无法支付加工费时，可出售原材料换取现金，原材料实际售价低于标准价格的部分记入“综合费用”的“损失”项。

八、开始下一批生产

只有生产线处于空闲状态时，才可以考虑开始下一批产品的生产。

九、更新应收账款/应收账款收现

系统自动检查企业的应收账款及对应的账期。将现有应收账款减少一个季度，到期的应收账款进入现金库，财务总监做好现金收支记录。

注意：“更新应收账款”是用户操作“商战”系统的必做操作，用户通过点击“应收账款更新”按钮关闭前面的各项操作权限（不能返回以前的操作任务），并开启以后的操作任务。

十、厂房处理

出售厂房（买转租）：如果出售厂房，系统会马上扣除当年租金，同时得到4个账期的应收账款，财务总监做好现金收支记录。

退租厂房：如果无生产线，可退租，系统将删除厂房。

购买厂房（租转买）：如果租入的厂房离上次付租金满一年，可以转为购买，即租转买，系统立即扣除现金。

租入厂房：如果离上次付租金满一年，且不执行“厂房处理”操作，系统视为续租，并在当季结束时自动扣除下一年租金。

十一、向其他企业购买产品/出售产品

如果产能计算有误，有可能不能按期交付客户订单，属于违约行为，这时营销总监可以考虑向其他企业或者系统购买产品，买方将购买价与成本价间的差额记入“综合费用”中的“损失”项。财务总监做好现金收支记录。如果成品存货较多造成资金周转困难可考虑向其他企业或系统出售产品。

注意：违约造成的直接后果是“取消该订单”，年末按订单总额的20%进行现金罚款，并取消该订单所在的市场的销售额评比资格。

十二、按订单交货

营销总监检查各成品库中的成品数量是否满足客户订单要求，满足则按照客户订单交付约定数量的产品给客户。客户按订单收货，按订单上列明的条件支付货款，若为现金（0账期）付款，订单款项直接进入现金库，财务总监做好现金收支记录；若为应收账款，系统自动更新应收账款列表。

十三、产品研发投资

按照年初制定的产品研发计划，对新研发或正在研发的产品进行研发投资。财务总监做好现金收支记录。

十四、支付行政管理费用

行政管理费用是企业为了维持经营发放的管理人员工资、必要的差旅费、招待费、办公费等。系统在当季结束时自动扣除行政管理费用，财务总监做好现金收支记录。

十五、季末盘点

季末盘点是指财务总监统计本季度现金收入总额、现金支出总额，盘点现金余额等，并做好登记。

注意：以上15项工作每个季度都要按照相应顺序执行。

第三节　年末工作流程与工作内容

年末工作流程与工作内容，如图2—8所示。其主要包括新市场开拓投资、ISO资格认证投资、设备折旧、支付设备维修费、支付违约金、编制财务报表等工作。

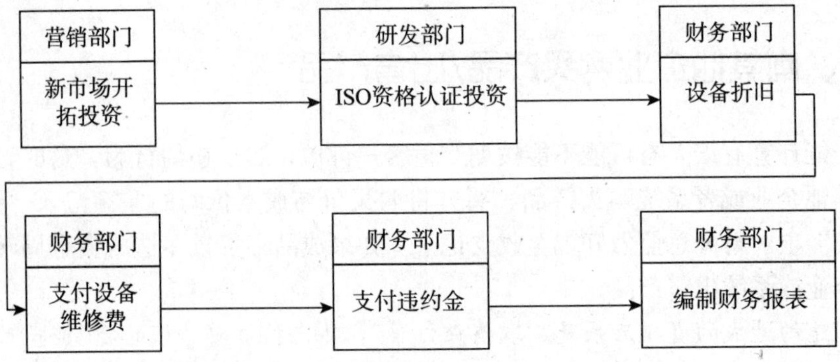

图 2—8　年末工作流程与工作内容

一、新市场开拓投资

新市场开拓投资环节，营销总监向财务总监申请研发资金用于新市场开拓。市场开拓费用和时间参考“市场开发规则”（见附录四）执行，市场开发完成后，企业即具备相应市场的准入资格。

二、ISO 资格认证投资

ISO 资格认证投资环节，营销总监向财务总监申请现金用于 ISO 资格认证的投资，ISO 资格认证投资参考“ISO 认证规则”（见附录四）执行，认证完成后，企业即具备相应的 ISO 资格。

三、设备折旧

设备按平均折旧法计提折旧，在建工程及当年新建好的设备不计提折旧，但设备的折旧年限从建好当年开始计算，折旧年限为 5 年，数额取整。设备折旧至净值等于残值时，折旧完成。

折旧费用＝设备价值÷5

注意：计提折旧时只可能涉及生产线净值，与现金流无关，因此在任务清单中标注了（　）以示区别，计算现金收/支合计时不应考虑该项目。

四、支付设备维修费

建好的生产线无论是否使用，均需要支付设备维护费，生产线维护费的支付参照“生产线费用与周期规则”（见附录四）执行，系统在当年结束时自动扣除生产线的维护费用，财务总监做好现金收支记录。

五、支付违约金

违约订单按该订单销售总额的20％（四舍五入）罚款。

六、编制财务报表

模拟企业一年的经营完毕后，企业要做一次“盘点”。学生要编制综合费用表、利润表和资产负债表，报表做好之后提交给指导教师进行审核。

任务四

“商战”ERP沙盘学习

第一节　系统登录

（1）打开IE浏览器后在地址栏输入“商战”链接地址，进入系统登录窗口，如图2—9所示。

图2—9　系统登录窗口

（2）用户名为U01、U02、U03等，分别代表第一组、第二组、第三组等。首次登录的初始密码为阿拉伯数字“1”，单击“会员登录”按钮进入企业注册窗口，如图2—10所示。

（3）填写公司信息，包括公司名称、公司宣言、成员信息、密码等。在职位栏目的填写中，若某个职位需两个或两个以上成员，则用分号隔开，单击“确定注册”按钮进入“商战”系统操作主窗口，如图2—11所示。

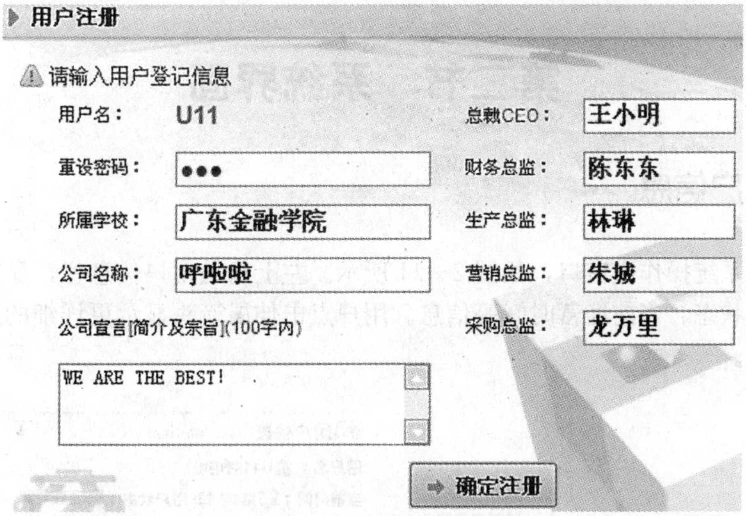

图 2—10　企业注册窗口

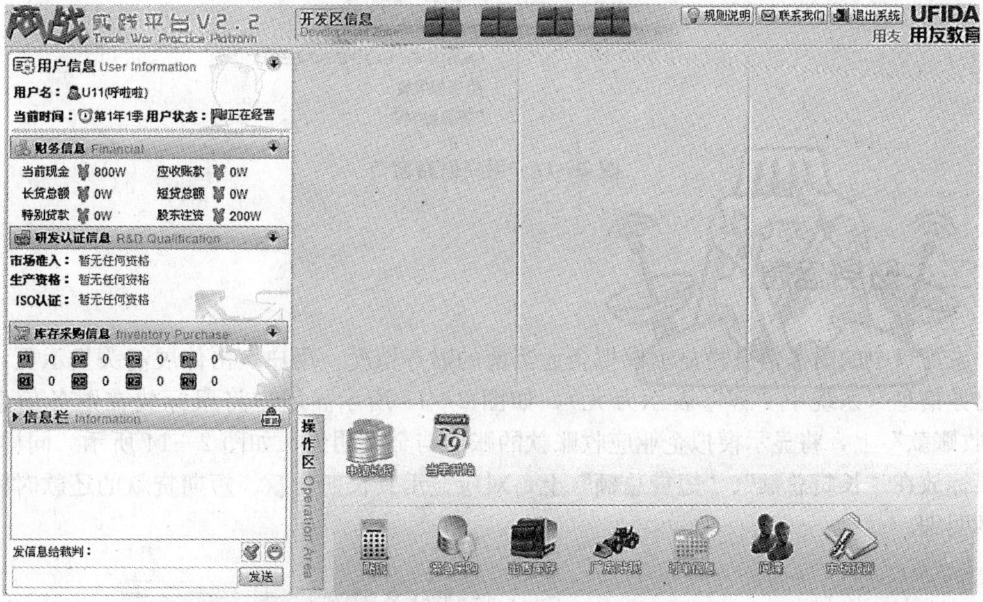

图 2—11　“商战”系统操作主窗口

操作注意事项：

（1）模拟企业进入系统时，CEO 首先登录系统，完善企业注册信息，为了提高安全性，建议重设密码，其他成员便可用新密码登录系统。

（2）系统操作只需一台电脑，由 CEO 或者 CEO 指定人员进行操作，其他电脑辅助显示。例如，一台电脑进入系统后打开“规则说明”，在使用过程中可以快速地查阅规则；一台电脑打开“市场预测”用于查阅市场需求情况；一台电脑打开“订单信息”，查阅本企业获得的订单信息。在参加订货会时，建议同时开启两台电脑，其中一台操作，另一台备用。

第二节　系统界面

一、用户信息

“商战”系统操作主窗口，如图 2—11 所示。左上角是用户信息栏，显示模拟企业的用户名、用户状态、当前经营时间等信息。用户点击伸展箭头显示更详细的用户信息，如图 2—12 所示。

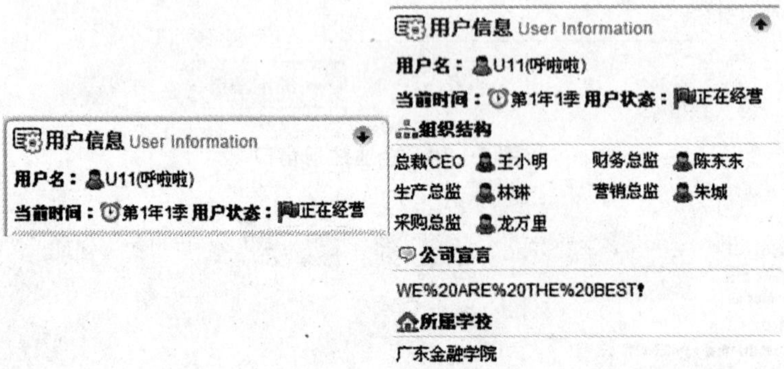

图 2—12　用户信息窗口

二、财务信息

主窗口中的财务信息栏显示模拟企业当前的财务情况，用户点击伸展箭头显示更详细的财务信息（系统中“W”表示万元），如图 2—13 所示。用户将鼠标放在财务信息的“应收账款”上，将显示模拟企业应收账款的账期与金额明细，如图 2—14 所示。同样的，将鼠标放在“长贷总额”、“短贷总额”上，对应显示其长期贷款、短期贷款的还款时间与金额明细。

图 2—13　财务信息窗口

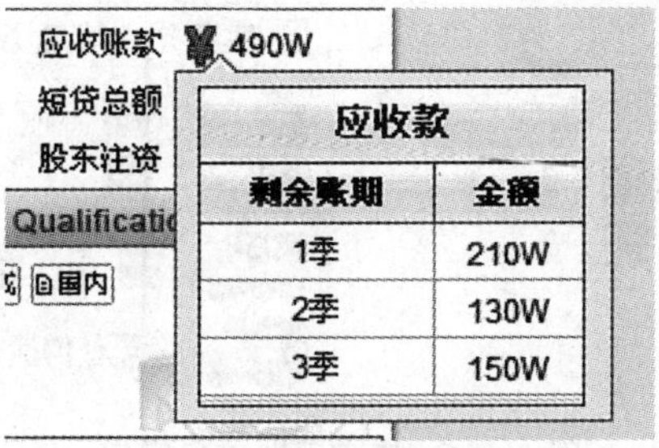

图 2—14　应收账款信息窗口

三、研发认证信息

主窗口中的研发认证信息栏显示模拟企业当前的研发认证信息，用户点击伸展箭头显示更详细的企业研发认证信息，如图 2—15 所示。研发认证信息窗口显示模拟企业当前的市场准入、生产资格、ISO 认证等情况。企业的市场开拓进度、产品的研发进度、ISO 认证情况均通过进度条显示出来。

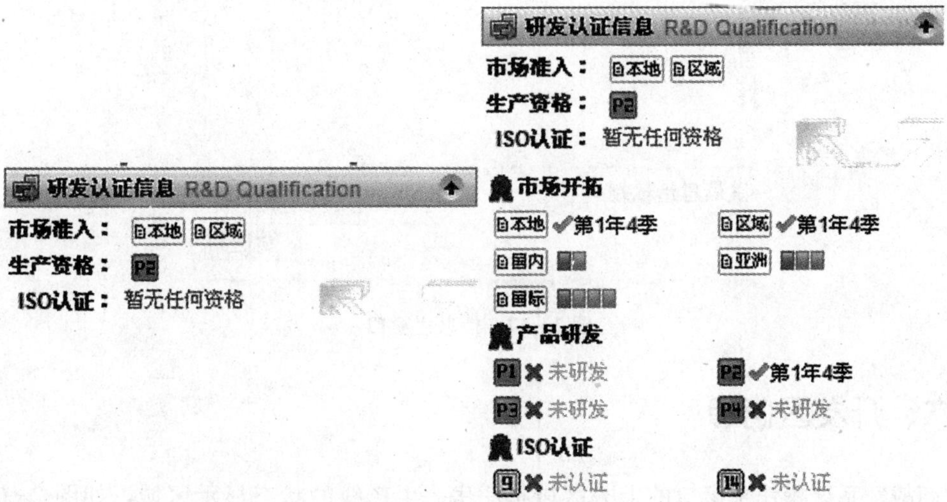

图 2—15　研发认证信息窗口

四、库存采购信息

主窗口中的库存采购信息栏显示模拟企业当前的库存采购情况，用户点击伸展箭头显示更详细的库存采购信息，如图 2—16 所示。库存采购信息窗口显示模拟企业当前的产成品、原材料、原材料订单情况。第一行的 P1、P2、P3、P4 表示产成品；第二行的 R1、R2、R3、R4 表示原材料；第三行的图标“”表示一个季度后到货的原材料订单情况，图标“”表示两个季度后到货的原材料订单情况。

图 2—16　库存采购信息窗口

五、信息栏

通过信息栏窗口，模拟企业可以同组内成员或同教师进行信息交流，教师也将在此发布信息，例如，操作要求、提醒事项、必要的市场信息等，如图 2—17 所示。

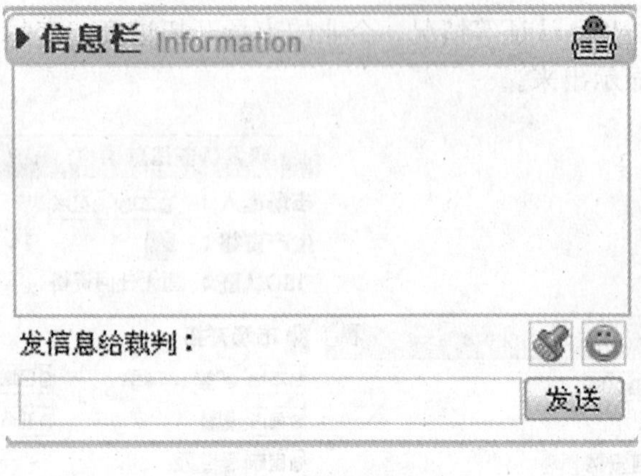

图 2—17　信息栏窗口

六、开发区信息

“商战”系统操作主窗口的上方区域是厂房、生产线的状态显示区域，如图 2—18 所示。图标“”表示当前使用的厂房，图标“”表示未使用的厂房。生产线的“转产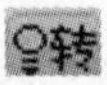”，“销售”，“生产”均在此界面上进行操作。各厂房的生产线均在此窗口一一列出。点击图标“”显示当前企业运营规则。

图 2—18　开发区信息窗口

七、操作区

除生产线上的“转产”，“销售”，“生产”三个操作以外，其他系统功能操作均在“商战”系统操作主窗口中的“操作区”中进行，如图 2—19 所示。操作区分为上下两栏，上栏的操作会通过“更新原材料”、“更新应收款”激活下一系列的操作。下栏的操作项在经营过程中不会变化。

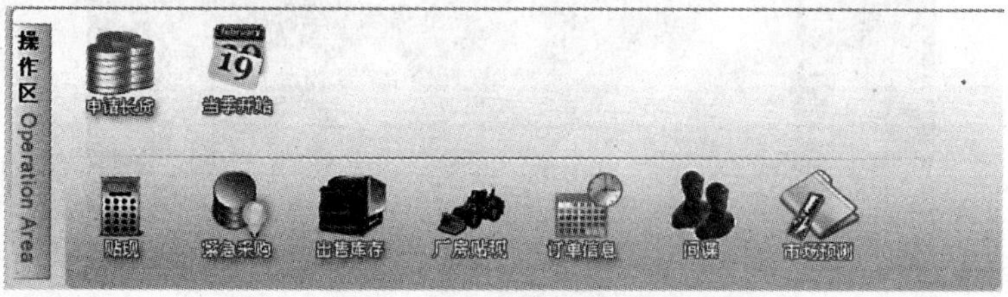

图 2—19　操作区窗口

第三节　系统操作

一、投放广告

点击操作区的“投放广告”进入广告投放界面，如图 2—20 所示。系统默认模拟企业广告投放金额为 0，第一年无广告投放，无订单。在广告投放窗口，系统对投放操作作出提示，市场名称为红色表明此市场未开拓完成，不允许在此市场投放广告，如图 2—21 所示。广告投放分市场分产品进行，单市场单产品的广告额 10W 起步。

图 2—20　操作区中的“投放广告”按钮

产品/市场	本地	区域	国内	亚洲	国际
P1	0 W	0 W	0 W	0 W	0 W
P2	39 W	39 W	0 W	0 W	0 W
P3	0 W	0 W	0 W	0 W	0 W
P4	0 W	0 W	0 W	0 W	0 W

确认支付

* 市场名称为红色表明此市场未开拓完成，不允许在此市场投放广告。

图 2—21　广告投放窗口

在完成所有市场产品广告投放后，点击“确认支付”，确认后不能返回更改，如图 2—21 所示。在广告投放完毕窗口，点击“确定”，如图 2—22 所示。

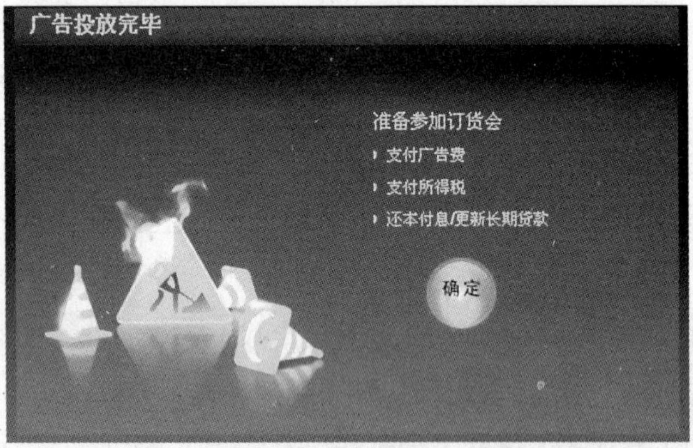

图 2—22　广告投放完毕窗口

二、参加订货会/选单

在操作区点击“参加订货会”，如图 2—23 所示，进入订货会选单界面。

图 2—23　操作区中的“参加订货会”按钮

选单窗口，如图 2—24 所示。系统将某市场某产品的选单过程称为回合，每回合选单可能有若干轮，每轮选单中，各组按照排定的顺序（排序规则查阅任务五“模拟运营规则”中的“订单获取规则”）依次选单，每轮只能选一张订单。当所有组都选完一轮后，若有订单剩余，则开始第二轮选单，各队行使第二次选单机会，以此类推，直到所有订单被选完或所有组退出选单为止，本回合结束。

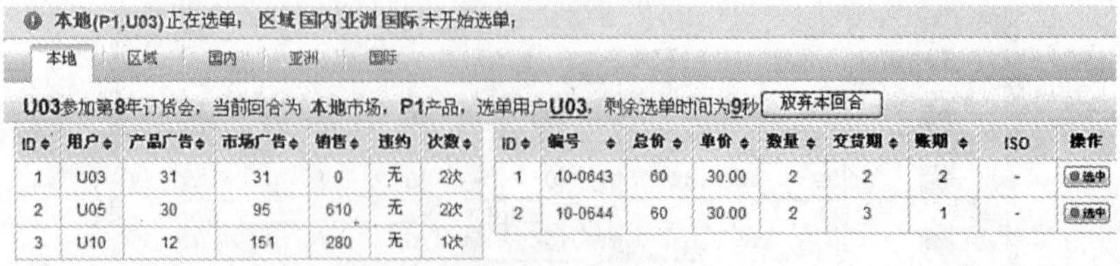

ID	用户	产品广告	市场广告	销售	违约	次数
1	U03	31	31	0	无	2次
2	U05	30	95	610	无	2次
3	U10	12	151	280	无	1次

ID	编号	总价	单价	数量	交货期	账期	ISO	操作
1	10-0643	60	30.00	2	2	2	-	选中
2	10-0644	60	30.00	2	3	1	-	选中

图 2—24　选单窗口

当轮到某一组选单时，系统以倒计时的形式给出本次选单的剩余时间，每次选单的时间上限为系统设置的选单时间（由教师具体设定），即在规定的时间内必须作出选择（选择订单或选择放弃），否则系统自动视为放弃选择订单。无论是主动放弃还是超时放弃，都将视为退出本轮的选单，但不影响以后回合的选单，同时仍可查看其他组选单情况；选单时可以对订单各要素（总价、单价、数量、交货期、账期等）进行排序，辅助选单；选单可能在多个市场同时进行（具体情况根据实际参数设置而定）；产品按照 P1、P2、P3、P4 的顺序独立放单；系统自动判定是否有 ISO 资格认证。

三、申请长期贷款

点击操作区的“申请长贷”，弹出长期贷款输入窗口，如图 2—25 所示。选择贷款年限，输入需要贷款的金额。

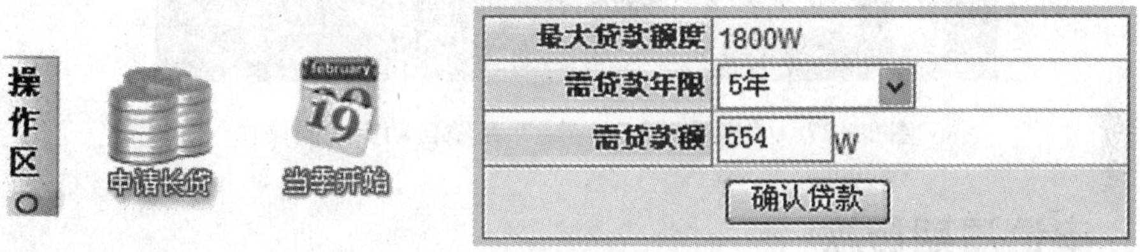

图 2—25　长期贷款输入窗口

注意：（1）确认后不可更改；贷款金额为不小于 10 的整数。

（2）“申请长贷”可以重复操作，即一笔高额的贷款可以拆分成若干笔较小金额的不同年限的贷款。

四、四季任务启动与结束

每季度经营开始及结束需要确认“当季开始 

”、“当季（年）结束 

”，第四季度结束即为“当年结束”。

点击主窗口操作区中的“当季开始”，开始新一季经营。系统自动还本付息/更新短期贷款，自动完成更新生产/完工入库、生产线完工/转产完工等操作，如图 2—26 所示。

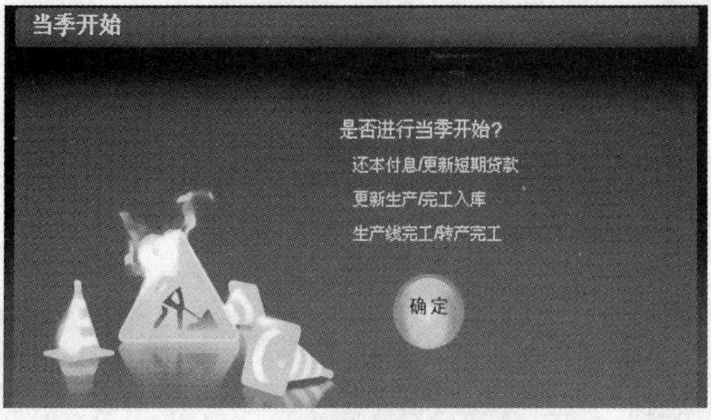

图 2—26　“当季开始”系统自动完成的操作

点击“当季（年）结束”，结束当季（年）运营，系统自动支付行政管理费（10W/季）、租金，并且检测“产品开发”完成情况，如图 2—27 所示。

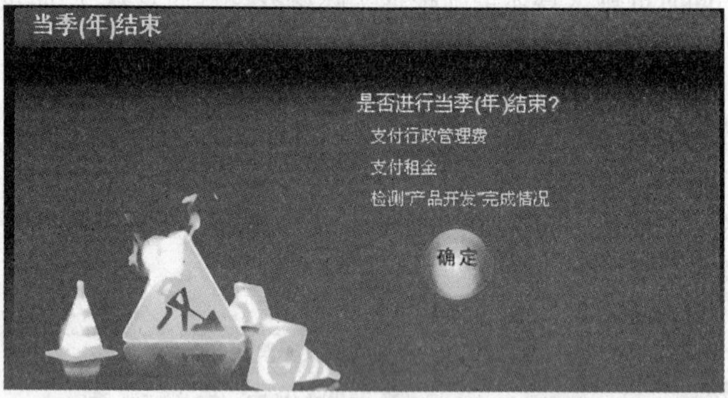

图 2—27　“当季（年）结束”系统自动完成的操作

五、申请短期贷款

点击“申请短贷”弹出短期贷款输入窗口，如图 2—28 所示，输入需要贷款的金额。

图 2—28　短期贷款输入窗口

注意：申请额为不能小于 10 的整数；该操作每季只能操作一次。

六、更新原材料

点击“更新原料库”，系统自动提示需要支付的现金（不可更改），如图 2—29 所示。

图 2—29　“更新原料库”操作窗口

点击“确认支付”，后续的操作权限方可开启（从“下原料订单”到“更新应收款”，如图 2—30 所示），前面的操作权限（“申请短贷”）关闭。

图 2—30　“更新原料库”后操作区新的操作按钮

注意：“更新原料库”一季只能操作一次。

七、下原材料订单

点击“下原料订单”，弹出原材料订购窗口，如图 2—31 所示。输入所需原材料的数量，点击“确认订购”。如无需下订单，则订购数量为 0。

原料	价格	运货期	数量
R1	10W	1季	1
R2	10W	1季	2
R3	10W	2季	4
R4	10W	2季	2
确认订购			

图 2—31　原材料订购窗口

注意：确认订购后不可退订；该操作每季只能操作一次。

八、购置厂房

点击“购置厂房”，弹出购置厂房窗口，如图 2—32 所示。选择厂房类型及订购方式，点击“确认操作”。

厂房类型	大厂房(买:400W 租:50W 售:4
订购方式	○ 买 ◉ 租
确认操作	

图 2—32　购置厂房窗口

注意：企业最多可以使用四个厂房，厂房可买可租，但生产线不可以在不同厂房中转移。

九、新建生产线

点击“新建生产线”，弹出新建生产线窗口，如图 2—33 所示，选择所属厂房、类型、生产产品后，点击“确认操作”。

所属厂房	◉ 大厂房(ID:6)
类型	自动线(价格:150W)
生产产品	○ P1 ◉ P2 ○ P3 ○ P4
确认操作	

图 2—33　新建生产线窗口

注意：“新建生产线”每季可操作多次，用于新增多条生产线。

十、在建生产线

点击“在建生产线”，系统自动列出投资未完成的生产线，如图 2—34 所示，勾选复选框选中需要继续投资的生产线后，点击“确认投资”。

选择项	编号	厂房	类型	产品	累积投资	开建时间	剩余时间
☑	1	大厂房	自动线	P2	50W	第1年1季	2季
☑	2	大厂房	自动线	P3	50W	第1年1季	2季
☑	3	大厂房	半自动	P1	50W	第1年1季	1季
确认投资							

图 2—34　在建生产线窗口

注意：运营中可以不选，可中断投资；此操作每季只可操作一次。

十一、生产线转产、变卖生产线、开始下一批生产

生产线转产、变卖生产线、开始下一批生产这三项操作，均在建成的生产线上进行操作。系统自动列出可进行生产线转产、变卖生产线、开始下一批生产的生产线（建成且没有在制品的空闲生产线）。

生产线转产：点击要转产的生产线上的“转”图标，弹出生产线转产窗口，如图 2—35 所示。确认转产后，系统自动扣除相应的转产费用，经过相应的转产周期后该生产线可以开始生产新的产品。

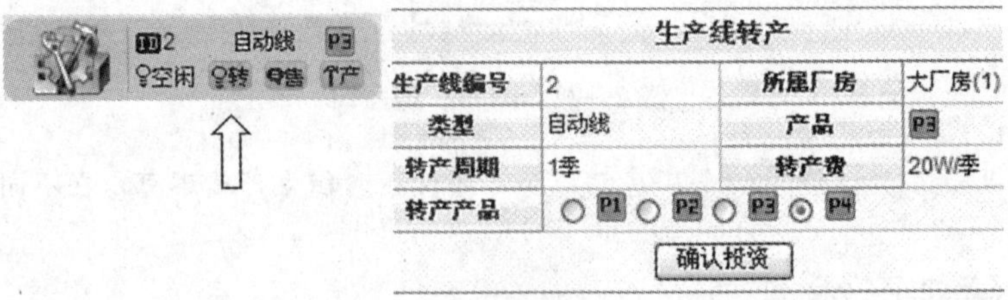

图 2—35　生产线转产窗口

变卖生产线：点击要变卖的生产线上的“售”图标，弹出生产线变卖窗口，如图 2—36 所示。确认变卖后，系统按残值收回现金，而生产线净值高于残值的部分记入当年“综合费用”的“损失”项目。

开始下一批生产：点击要生产的生产线上的“产”图标，弹出确定生产线生产信息窗口，如图 2—37 所示。点击“确认”开始下一批生产。系统自动检测原材料、生产资格，系统自动扣除原料及加工费，资金不足或者未获得生产资格的生产线则可以停产。

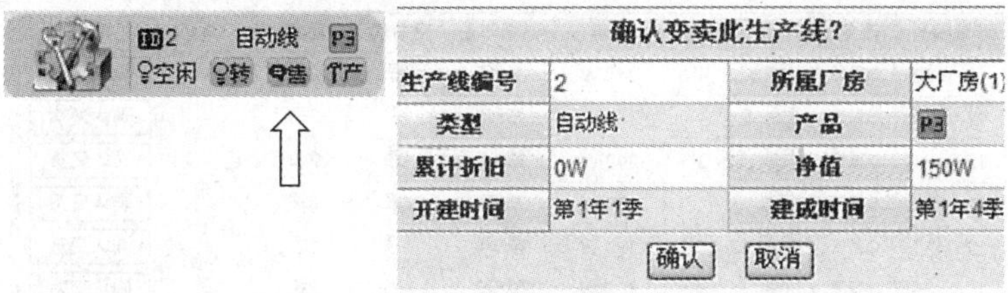

图 2—36　变卖生产线窗口

图 2—37　开始下一批生产窗口

十二、应收账款更新

点击“应收款更新”，弹出应收账款更新窗口，如图 2—38 所示。系统自动检测当季应收现金数额。

注意：此操作每季只可操作一次。

图 2—38　应收账款更新窗口

点击“确认操作”后，前面的各项操作权限关闭（不能返回以前的操作任务），并开启新的操作任务，即按订单交货、厂房处理、产品研发等权限，如图 2—39 所示。其中，“市场开拓”与“ISO 投资”仅在第四季度末显示。

图 2—39　“应收款更新”后操作区新的操作按钮

十三、按订单交货

点击“按订单交货”，系统自动列出当年未交货的订单，如图 2—40 所示。点击“确认交货”，系统自动检测产品库存是否足够，然后自动更新应收账款或现金。若在交货期内未能交货，则为违约，系统将取消该张违约订单的交货资格，并在年底扣除违约金。

订单编号	市场	产品	数量	总价	得单年份	交货期	账期	ISO	操作
12-0470	国际	P3	4	340 W	第5年	4季	2季	-	确认交货
12-0465	国际	P2	4	280 W	第5年	4季	2季	-	确认交货
12-0464	国际	P2	3	240 W	第5年	4季	2季	-	确认交货
12-0460	国际	P1	3	180 W	第5年	4季	0季	-	确认交货
12-0457	国际	P1	3	180 W	第5年	4季	1季	-	确认交货
12-0446	亚洲	P4	1	100 W	第5年	4季	2季	-	确认交货
12-0440	亚洲	P3	2	180 W	第5年	4季	2季	-	确认交货
12-0416	国内	P4	2	190 W	第5年	4季	4季	-	确认交货
12-0415	国内	P3	2	180 W	第5年	4季	1季	14	确认交货
12-0387	区域	P4	1	100 W	第5年	4季	2季	9	确认交货

图 2—40　订单列表

十四、厂房处理

点击“厂房处理”，弹出厂房处理窗口，如图 2—41 所示。

处理方式	◉ 卖出(买转租) ○ 退租 ○ 租转买				
选择项	厂房	厂房状态	容量	剩余容量	最后付租
◉	小厂房(2)	购买	4	4	-
确认处理					

图 2—41　厂房处理窗口

如果拥有厂房且该厂房内无生产线，选择“卖出（买转租）”后，增加 4Q（4 个季度账期）应收账款，并删除厂房；如果厂房内有生产线，选择“卖出（买转租）”后增加 4Q 应收账款，自动转为“租”，同时扣除一年租金，记下租入时间。

租入厂房如果离最后一次付租金的时间刚好满一年，并且该厂房内有生产线，可以选择“租转买”，确认操作后，系统立即扣除相应金额的现金；如果无生产线，可以选择“退租”，删除厂房；已租入的厂房离上次付租金刚好满一年，如果不执行“厂房处理”操作，则视为续租，并在当季结束时自动扣除下一年租金。

十五、产品研发

点击“产品研发”，弹出产品研发窗口，如图 2—42 所示。可以同时选定要开发的多种产品，按“确认研发”并退出本窗口。当季（年）结束后系统自动检测开发是否完成。

选择项	产品	投资费用	投资时间	剩余时间
☑	P1	10 W/季	2季	-
☑	P2	10 W/季	4季	-
☑	P3	10 W/季	6季	-
☐	P4	20 W/季	6季	-
确认研发				

图 2—42　产品研发窗口

注意：每季度只允许操作一次，退出后本季度不能再次进入。

十六、市场开拓

点击“市场开拓”，弹出市场开拓窗口，如图 2—43 所示，复选需要开发的市场，然后点击“确认研发”。第四季度结束后系统自动检测市场开拓是否完成。

选择项	市场	投资费用	投资时间	剩余时间
☑	本地	10 W/年	1年	-
☑	区域	10 W/年	1年	-
☑	国内	10 W/年	2年	-
☑	亚洲	10 W/年	3年	-
☑	国际	10 W/年	4年	-
		确认研发		

图 2—43 市场开拓窗口

注意：此操作只在第四季度可操作一次。

十七、ISO 投资

点击“ISO 投资”，弹出 ISO 投资窗口，如图 2—44 所示，复选需要的认证类型，然后点击“确认研发”。第四季度结束后系统自动检测认证是否完成。

选择项	ISO	投资费用	投资时间	剩余时间
☑	9	10 W/年	2年	-
☑	14	20 W/年	2年	-
		确认研发		

图 2—44 ISO 投资窗口

注意：此操作只在第四季度可操作一次。

十八、当季（年）结束

第四季度经营结束，则需点击“当季（年）结束”，弹出当年结束窗口，如图 2—45 所示，点击“确定”，系统自动完成图中所示任务，并在后台生成综合费用表、利润表、资产负债表。

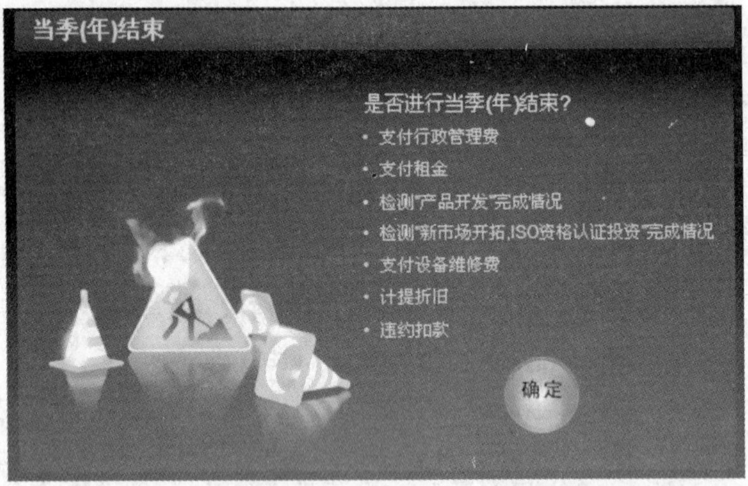

图 2—45 “当（季）年结束”系统自动完成的操作

十九、填写报表

学生需要在学生端填写资产负债表，资产负债表录入窗口，如图 2—46 所示。系统自动检测格式正确与否，不正确会提示；填错或不填报表，不影响后续经营数据。

资产负债表					
现金	1	W	长期贷款	0	W
应收款	0	W	短期贷款	0	W
在制品	0	W	特别贷款	0	W
产成品	0	W	应交所得税	0	W
原材料	0	W	-		
流动资产合计	0	W	负债合计	0	W
厂房	0	W	股东资本	0	W
生产线	0	W	利润留存	0	W
在建工程	0	W	年度净利	0	W
固定资产合计	0	W	所有者权益合计	0	W
资产总计	0	W	负债和所有者权益总计	0	W
提交报表					

图 2—46 资产负债表录入窗口

二十、特殊运行任务

特殊运行任务是不受正常流程运行顺序的限制，当需要时就可以随时操作的任务。特殊运行任务的操作项，如图 2—47 所示。

图 2—47　特殊操作按钮信息

1. 贴现

点击“贴现”，弹出贴现窗口，如图 2—48 所示，一二季贴现率相同，三四季贴现率相同；“贴现额”应小于或等于“应收款”，即可部分或全额贴现；输入的“贴现额”乘以对应“贴现率”后向上取整即可求得贴现费用，贴现费用计入财务费用支出，其他部分增加现金。运营中可根据需要进行多次贴现。

剩余账期	应收款	贴现额
1季	380W	0 W
2季	370W	70 W

确认贴现

剩余账期	应收款	贴现额
3季	110W	0 W
4季	200W	0 W

确认贴现

图 2—48　贴现窗口

2. 紧急采购

点击“紧急采购”，弹出紧急采购窗口，如图 2—49 所示，点击左侧的单选按钮，选择需购买的原材料或产品，填写购买数量后，点击“确认订购”。该操作结束后，系统扣除现金，立即到货。购买的原材料和产品做账时均按照标准价格计算，高于标准价格的部分，记入当年“综合费用”中的“损失”项目。

3. 出售库存

点击“出售库存”，弹出出售库存窗口，如图 2—50 所示。输入需要售出的原材料或产品数量，点击“确认出售”。出售的原材料、产品按照系统设置的折扣率四舍五入回收现金，售出后收回的现金与标准价格间的差额部分记入当年费用的“损失”项目。

4. 厂房贴现

点击“厂房贴现”，弹出厂房贴现窗口，如图 2—51 所示。点击选择需要贴现的厂房，点击“确认贴现”。如果厂房内无生产线，厂房按原值售出的同时，系统按“四季应收款”全部贴现；如果有生产线，除按售价贴现外，同时再扣除一年租金。

选择项	原料	现有库存	价格
◉	R1	4	20W
○	R2	4	20W
○	R3	16	20W
○	R4	18	20W
订购量	3		

确认订购

选择项	产品	现有库存	价格
◉	P1	0	60W
○	P2	3	90W
○	P3	7	120W
○	P4	0	150W
订购量	2		

确认订购

图 2—49 紧急采购窗口

原料	库存数量	销售价格	出售数量
R1	4	5.0 W/个	0
R2	4	5.0 W/个	0
R3	16	5.0 W/个	0
R4	18	5.0 W/个	0

确认出售

产品	库存数量	销售价格	出售数量
P1	0	10.0 W/个	0
P2	3	15.0 W/个	0
P3	7	20.0 W/个	2
P4	0	25.0 W/个	0

确认出售

图 2—50 出售库存窗口

选择项	厂房	容量	剩余容量
◉	大厂房(9)	6	0
○	小厂房(18)	4	0
○	大厂房(21)	6	0
○	小厂房(26)	4	0

确认贴现

图 2—51 厂房贴现窗口

5. 订单信息

点击“订单信息”，弹出模拟企业所有的订单信息，如图 2—52 所示，即可查询所有的订单信息及状态。

订单编号	市场	产品	数量	总价	状态	得单年份	交货期	账期	ISO	交货时间
19-3-3304	国内	P3	2	170 W	未完成	第3年	4季	1季	-	-
19-3-3208	国内	P2	2	170 W	已交单	第3年	4季	2季	-	第3年2季
19-3-3207	国内	P2	1	80 W	未完成	第3年	1季	2季	-	-
19-3-2301	区域	P3	1	90 W	未完成	第3年	4季	1季	14	-
19-3-2212	区域	P2	2	170 W	未完成	第3年	4季	4季	-	-
19-3-1307	本地	P3	2	170 W	未完成	第3年	4季	2季	9	-
19-3-1210	本地	P2	3	230 W	已交单	第3年	4季	2季	-	第3年1季
19-2-2207	区域	P2	1	70 W	已交单	第2年	4季	2季	-	第2年2季
19-2-2109	区域	P1	3	130 W	已交单	第2年	4季	2季	-	第2年4季
19-2-2104	区域	P1	3	150 W	已交单	第2年	4季	2季	-	第2年3季
19-2-1210	本地	P2	3	180 W	已交单	第2年	4季	3季	-	第2年3季

图 2—52 订单信息窗口

6. 间谍（商业情报收集）

点击“间谍”，弹出商业情报收集窗口，如图 2—53 所示。花费 1W（实际费用视教师设置而定）可查看一家企业除广告投放以外的情况，包括资质、厂房、生产线、订单等，查看结果以 Excel 表格形式呈现，模拟企业也可以免费获得自己公司的综合信息。

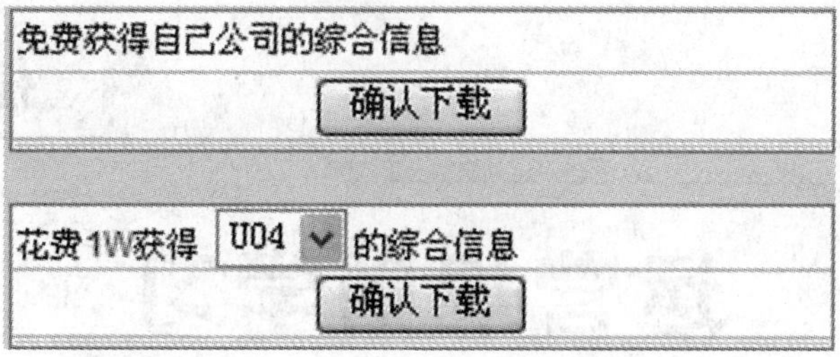

图 2—53　商业情报收集窗口

7. 市场预测

点击“市场预测”，弹出市场预测数据，如图 2—54 所示。市场预测表内的数据不包括竞单。

市场预测表——均价							
序号	年份	产品	本地	区域	国内	亚洲	国际
1	第2年	P1	50	48.12	50	43.08	49.38
2	第2年	P2	63.08	67.78	78.89	70	70
3	第2年	P3	72	78.89	80	76.67	80
5	第3年	P1	46.4	50.71	50	45.62	49.33
6	第3年	P2	77.39	78.33	81	70	70
7	第3年	P3	83.33	78.18	82.67	76.67	80
8	第3年	P4	0	88.57	84	0	0
9	第4年	P1	45	47.86	44.35	40.48	57.62
10	第4年	P2	82.69	74.74	80	67.62	67.78

图 2—54　市场预测数据窗口

任务五

运营规则学习

在一个开放的市场环境中，企业需要遵循一定的市场规则才能生存与发展。下面，我们将从七个方面介绍“商战”系统中的市场模拟规则。

第一节　市场规则

市场规则涉及选择市场、开发市场、进入市场、退出市场四个方面的内容，如图 2—55 所示。

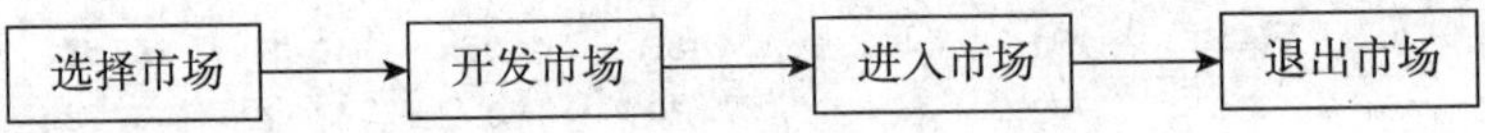

图 2—55　市场规则的主要内容

一、选择市场

模拟企业目前可进入的市场包括本地、区域、国内、亚洲、国际共五个市场。

二、开发市场

不同市场的开发时间和开发费用各不相同，具体市场开发规则，如表 2—2 所示。

三、进入市场

当某个市场开发完毕后，企业就取得了对该市场的准入资格，下一年度则可以在该市场上进行广告投放，参加该市场的订货会并接产品订单。

四、退出市场

对进入的市场终止广告的投入即为放弃该市场。

表 2—2　　市场开发规则

<table>
<tr><th>市场</th><th>开发时间（年）</th><th>每年开发费用（W）</th><th>说明</th></tr>
<tr><td>本地</td><td>1</td><td>10</td><td rowspan="5">①可同时开发多个市场；
②开发费用按开发时间每年平均支付，不允许加速投资；
③资金短缺时可以随时中断或终止开发。</td></tr>
<tr><td>区域</td><td>1</td><td>10</td></tr>
<tr><td>国内</td><td>2</td><td>10</td></tr>
<tr><td>亚洲</td><td>3</td><td>10</td></tr>
<tr><td>国际</td><td>4</td><td>10</td></tr>
</table>

第二节　订单规则

订单体现着市场的客户需求，企业只有在市场上投放广告费后才有可能获取一定量的订单，并根据订单组织生产。订单规则涉及订单信息、广告投放、订单的获取、按订单交货和订单违约处罚五个方面的内容。

一、客户订单

客户订单的表现形式，如图 2—56 所示。某年度某市场某产品的订单信息中，包含了订单编号、总价、单价、数量、交货期、账期以及是否有 ISO 认证等特殊要求的信息。

ID ◆	编号 ◆	总价 ◆	单价 ◆	数量 ◆	交货期 ◆	账期 ◆	ISO
1	10-0643	60	30.00	2	2	2	-
2	10-0644	60	30.00	2	3	1	-

图 2—56　订单示意图

图 2—56 显示的是在某年度订货会中，某市场某产品的可选订单。例如，编号 10－0643 的订单总价为 60W，单价为 30W，交货数量为 2 件，客户要求当年第二季度交货，交货后获得账期为 2 季度的应收账款，获取该订单企业无需“ISO 认证”。

二、广告费投放规则

（1）广告费分市场、分产品投放，产品订单也按市场、按产品选取。如图 2—57 所示。

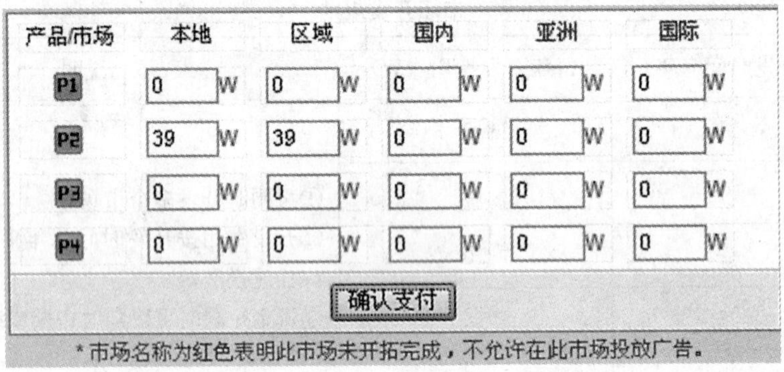

图 2—57　广告投放窗口

（2）投入的广告费必须是整数，并且最低投入金额为 10W。

（3）广告费在 10W 至 19W 之间在某一市场有一次选取订单机会。若想增加更多的选单机会，则需要在此基础上增加更多的广告费，其中，每增加 20W 广告费就可增加 1 次选单机会。

（4）所谓选单机会，是指有可能由于市场没有足够多的订单数量，即使投入广告费后也没有订单可选。

三、订单获取规则

订单获取规则，如图 2—58 所示。

（1）第一年按照竞标金额排定选单顺序。

（2）第二年起，上年本市场四种产品销售总额第一名（无违约）者为市场领导者，优先选单；市场领导者以外，按该市场该产品的广告投入金额的多少，依次选择订单。

（3）若几个企业在该市场该产品的广告投入金额相同，按该市场上全部产品的广告投入金额的多少决定选单顺序。

（4）若几个企业在该市场全部产品的广告投入金额也相同，按上年本市场销售额的排名决定顺序。

（5）若几个企业上年本市场销售额又相同，则按系统记录的投放广告时间顺序，先投广告者先选单。

注意：各市场领导者由上年在该市场的销售总额（包括 P1、P2、P3 和 P4）最高的组担任。若有多组在某市场销售总额并列第一，则市场领导者由系统随机决定，可能为其中某组，也可能没有。在投放广告前，指导老师可以公布上一年度的市场领导者情况（第一年没有市场领导者；刚开拓出的新市场，也没有市场领导者）。

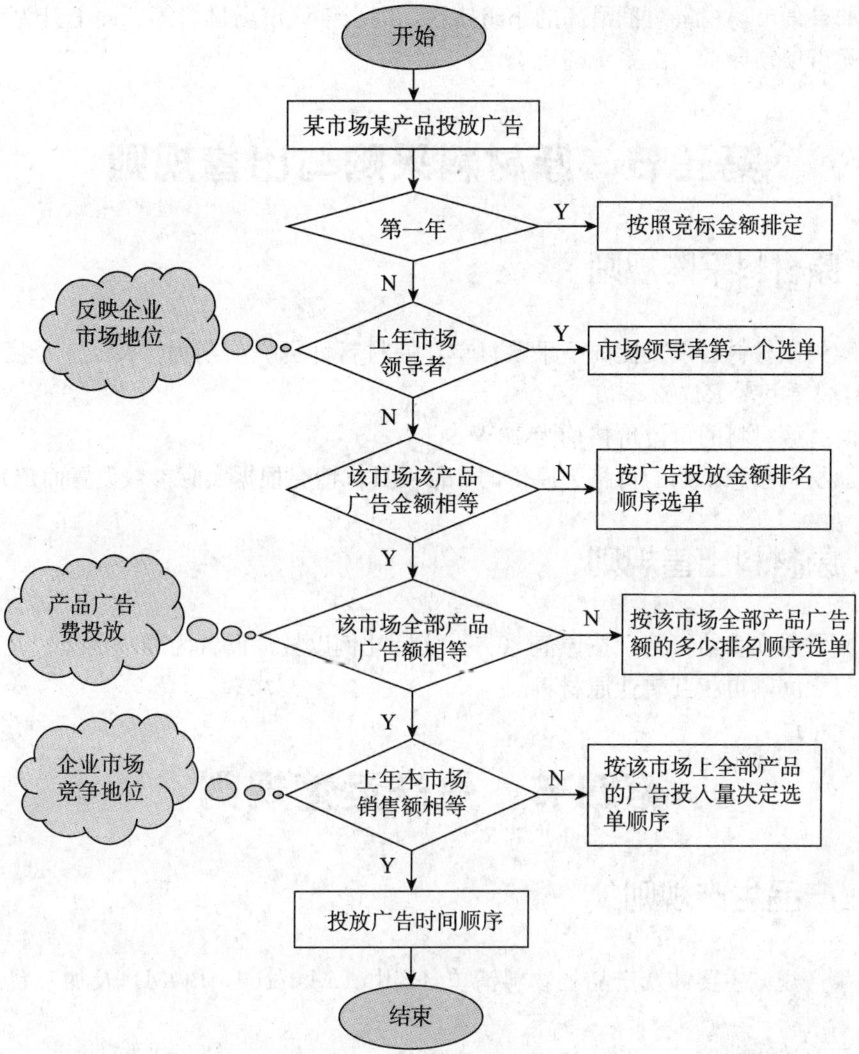

图 2—58　订单获取规则

四、订单交货规则

（1）各订单按照季度生产，按规定的交货期交货，可提前交货。

（2）逾期未交货则为违约。

（3）以实际交货时间开始计算账期。

五、订单违约处罚规则

（1）出现违约时，逾期的订单取消交货资格。

（2）违约订单按该订单总额的 20%（四舍五入）罚款。例如，一张销售额为 24W 的订单违约，要交罚金 5W。

（3）如果某市场销售总额最高的小组违约，则当年该市场排名第二即上升为市场领导者或可能无市场领导者（由系统随机确定）。

第三节　原材料采购与出售规则

一、原材料采购规则

（1）购买原材料必须要提前下采购订单，原材料订货提前期为“R1：1 季度；R2：1 季度；R3：2 季度；R4：2 季度”。

（2）所有原材料的单位价格均为 10W。

（3）原材料紧急采购的价格为原价的 2 倍（具体情况根据实际参数设置而定）。

二、原材料出售规则

（1）原材料变卖给银行，按原值 80%（实际比例以教师设置为准）处理。

（2）组之间不得相互转让原材料。

第四节　生产运营规则

一、产品生产规则

产品生产规则主要涉及产品的物料清单（Bill of Material，BOM）及加工费。生产规则如下：

（1）每条生产线同一时刻只能生产一个产品。

（2）各种产品的物料清单结构图，如图 2—59 所示。

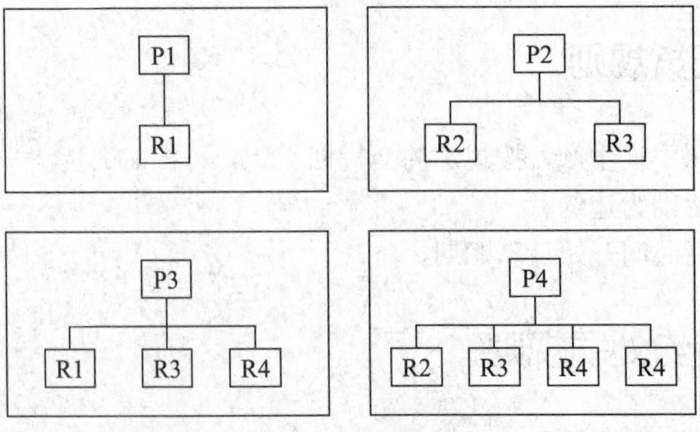

图 2—59　四种产品的物料清单结构图

（3）生产产品时，将消耗原材料并支付加工费，加工费不分生产线类型，均为 10W。

二、厂房购买、出售与租赁规则

有关厂房购买、租赁与出售的信息如表 2—3 所示，其中：

（1）厂房可买可租，最多可购置四间厂房，四间厂房可以任意组合，例如，三大一小或两大两小；四间厂房的购置方式可任意组合，例如，租三买一或租二买二。

（2）厂房租入后，一年后可作租转买、退租等处理，不作处理时系统默认为续租。

（3）购买厂房只能在每季度规定的时间进行；厂房的租转买需在相应租入的季度才能进行购买；已购买的厂房不需要缴纳租金。

（4）厂房可以在每季度规定的时间出售，厂房出售得到 4 个账期的应收账款；如厂房内有生产线，出售同时转为租赁，租赁厂房每年相应的季度末支付租金；紧急情况下可厂房贴现，直接得到现金。

（5）厂房不计提折旧。

（6）生产线不可以在不同厂房间搬迁。

表 2—3　　　　厂房购买、租赁与出售信息

名称	购买价格（W）	租金（W/年）	售价（W）（账期）	容量
大厂房	400	50	400（4Q）	6 条生产线
小厂房	300	30	300（4Q）	4 条生产线

三、生产线购买、转产与维修和出售规则

“商战”系统中模拟企业不同类型的生产线的主要区别在于生产组织的效率和灵活性，即单位时间内生产产品的数量和转产生产新产品时设备调整的难易性。生产线费用与周期规则，如表 2—4 所示。

（1）所有生产线都能生产所有产品。

（2）生产线转产指的是生产线转为生产其他产品，例如，半自动生产线原来生产 P1 产品，如果转产 P2 产品，需要改装生产线，因此需要停工 1 个季度，并支付 10W 的转产费用。需要注意的是，有在制品的生产线不允许改造转产；手工线和柔性线转产时不需要停产及支付费用；半自动线和全自动线转产时需要停产一定周期并支付转产费用。

（3）各组生产线之间不允许相互买卖。

（4）生产线的购买价格按安装周期平均支付，全部投资到位后的下一季方可投入使用，其中手工线为即买即用。

（5）未完成投资的生产线价值计入在建工程，当年完成投资或未完成投资的生产线，当年不计提折旧；生产线在建成的第二年开始计提折旧，按生产线购买总价的 1/5 计提；当生产线净值等于出售残值时，完成并停止折旧；生产线完成折旧后，可以继续使用。生产线的残值保留，直到该生产线变卖为止。当年变卖了的生产线，不计提折旧。

（6）年末时，转入固定资产的生产线每条支付 10W 的设备维护费；当年售出的生产线和新购正在安装的生产线不交纳维护费。

（7）生产线安装完成的当年，不论是否开工生产，都必须交纳维护费；正在进行转产的生产线也必须交纳维护费。

（8）生产线出售时，如果生产线的净值大于出售残值（即没有提完折旧），则净值大于出售残值的差额部分计入“综合费用”的“损失”项目中。

表 2—4　　　　生产线费用与周期规则

名称	购买总价（W）	安装周期（季度）	生产周期（季度）	转产周期（季度）	转产费用（W）	维护费用（W/年）	出售残值（W）
手工线	50	1	3	0	0	10	10
半自动	100	2	2	1	10	10	20
全自动	150	3	1	1	20	10	30
柔性线	200	4	1	0	0	10	40

第五节　产品研发和 ISO 认证规则

一、产品研发规则

企业目前未研发产品，根据预测，有四种产品有待开发。不同产品的研发时间和研发费用是不同的，如表 2—5 所示。

表 2—5　　　　产品研发时间和研发费用

产品	P1	P2	P3	P4
研发时间（季度）	2	4	6	6
研发费用（W/季度）	10	10	10	20

（1）各新产品研发投资可以同时进行。

（2）新产品研发投资按季度支付，完成投资后方可生产。

（3）所有投资均不得加速投资，但可以随时中止或中断。

（4）ISO 研发投资的费用计入当年“综合费用”。

二、产品研发技术转让规则

产品研发技术不设转让。

三、ISO 认证规则

随着客户质量意识和环境意识的提高，要求企业产品获得 ISO 认证。企业要进行 ISO 认证，需要投入一段时间并花费一定费用，如表 2—6 所示。

表 2—6 **ISO 认证投入时间和认证费用**

管理体系	ISO9000	ISO14000
开发时间（年）	2	2
开发费用（W/年）	10	20

（1）两项 ISO 认证投资可以同时进行，相应投资完成后才能取得资格。

（2）认证投资年末按开发时间平均支付。

（3）所有投资均不得加速投资（集中或超前投资），但可以随时中止或中断。

（4）ISO 认证投资的费用计入当年“综合费用”。

第六节　财务管理规则

一、融资渠道管理规则

企业融资渠道有银行贷款以及应收账款贴现两种。不同融资渠道费用，如表 2—7 所示。

表 2—7 **企业融资渠道费用**

贷款类型	贷款时间	贷款额度	年息	还款方式
长期贷款	每年年初	10W 起贷	10%	年初付息，到期还本
短期贷款	每季度初	10W 起贷	5%	到期还本付息
应收账款贴现	任何时间	根据应收账款额度	贴现比例	变现时贴息

1. 银行贷款

（1）在经营期间，只允许向银行贷款，企业间不允许私自融资。

（2）一般情况下银行贷款总额(长期贷款＋短期贷款)≤上年度所有者权益×3，新申请贷款的额度要减去已贷款数。

（3）长期贷款最长期限为 5 年，最短期限为 1 年；长期贷款每年必须归还利息，到期还本，本利双清后，如果还有贷款额度时，才允许申请新贷款。即如果有贷款需要归还，同时还拥有贷款额度时，必须先归还到期的全部长期贷款，才能申请新贷款。不能以新长贷还旧长贷（续贷），短期贷款也按本规定执行。

（4）短期贷款期限为 4 个季度，贷款到期后还本付息。

（5）经营结束时，不要求归还未到期的长、短期贷款。

（6）长、短期贷款不允许提前还款。

2. 贴现

（1）在经营过程中应收账款可随时进行部分或全额贴现。

（2）贴现时，要考虑其账期长短，贴现比例为：一二季是 10%，三四季是 12.5%，贴现费用向上取整。

二、综合费用与税金

（1）行政管理费、市场开拓费、营销广告费、生产线转产费、设备维护费、厂房租金、ISO认证费、产品研发费、信息费等计入“综合费用”。

（2）行政管理费每季度末支付10W。

（3）每年年末按当年利润的25％四舍五入计提所得税，并计入应付税金，在下一年初交纳。

（4）盈利时，按弥补以前年度亏损后的余额计提所得税。

第七节　运营过程规则

（1）各模拟企业的成员均有一份记录表，必须按照角色分配来完成相应的职能单位的工作。

（2）成员要按照首席执行官的指令，依照经营记录表中任务清单的顺序进行操作，并在记录表上对每个经营时段进行记录，即当执行完规定的任务后，每个成员都要在经营记录表中打钩或记录与自己岗位相关的生产要素变化数据（例如，财务总监在任务项目对应的方格内填写现金收支情况，采购总监记录原材料库中原材料的变化数据，生产总监记录在制品和生产线的变化数据，营销总监记录成品库存变化等），不能超前或者滞后，以便于整体数据的汇总、检查、计算和分析。

（3）如遇破产，需要申请特别贷款或注资，请到教师处登记处理。

任务六

经营评价规则学习

第一节　破产规则

（1）当企业的所有者权益小于零，即为破产。

（2）当企业的现金流断流时，即为破产。

（3）破产后，企业可以申请注资或特别贷款后继续经营，但必须按照产能争取订单，破产小组每年的广告费用总额不得大于 100W。

（4）破产的小组不得参与最后成绩排名。

第二节　模拟经营总成绩计算

经过 8 个会计年度（具体经营年限以教师设置为准）的经营，小组成绩按照下式确定：

企业经营总成绩＝所有者权益×(1＋企业综合发展潜力÷100)－罚分

企业综合发展潜力＝市场资格分值＋ISO 资格分值＋生产资格分值＋厂房分值＋各条生产线分值

企业综合发展潜力分值计算方法如下：

（1）市场资格：区域市场、国内市场、亚洲市场、国际市场开发完各得 10 分，本地市场不计分。

（2）ISO 资格：ISO9000 与 ISO14000 认证完成各得 10 分。

（3）生产资格：P1、P2、P3、P4 产品研发完成各得 10 分。

（4）厂房：拥有大厂房得 10 分，拥有小厂房得 7 分；厂房必须为购买。

（5）生产线：拥有手工线每条得 5 分，半自动每条得 7 分，全自动每条得 10 分，柔性每条得 10 分；生产线建成（包括转产）即加分，无须生产出产品，也无须有在制品。

罚分计算方法如下：

（1）每年年末提交报表，如果未按时提交，每延迟一分钟扣 10 分。

（2）财务报表不平，强行平账、账实不符等扣 100 分。

（3）未按照规则运作，每一次违规扣 100 分。

（4）如果发生股东增资或特别贷款，则在经营结束后扣减相应分数。

第三篇

实验篇

ERP

组建团队

【实验目的】

1. 理解团队的内涵。
2. 理解生产型企业内部职能结构的划分和岗位职责。
3. 学习团队名称设计。

【实验任务】

1. 组建团队，分配角色。
2. 设计团队的名称、口号和标识。
3. 展示团队。
4. 在“商战”系统中注册公司信息。
5. 填写评分表。

【实验步骤】

1. 成立沙盘模拟经营管理团队，按实验要求分配角色，明确不同角色的主要任务。

学生按自愿原则划分为由 5～6 人组成的团队，每个团队独立经营一家生产型企业。团队成员分别担任企业首席执行官（CEO）、市场总监（CMO）、生产总监（COO）、财务总监（CFO）、采购总监（CPO），如果团队成员较多，可增加财务助理和生产助理等角色。

2. 设计团队名称、团队口号、团队标识（LOGO）。

3. 展示团队。

首席执行官带领团队成员上台介绍成员分工、团队名称、团队标识及寓意。团队成员一起大声喊出团队口号，鼓舞团队士气。

4. 登录“商战”系统注册公司信息。

5. 填写评分表（见附录一），首席执行官签名。

【温馨提示】

1. 首席执行官带领团队成员上台做展示时，其他人不可扰乱课堂秩序，违规者将被扣分。

2. 角色分配后并不是一成不变的，可根据个人实际情况或团队需要进行调整。

实验二

企业模拟年运营

【实验目的】

1. 熟悉“商战”电子沙盘系统的应用。
2. 熟悉模拟运营规则。
3. 熟悉生产型企业的基本业务流程。
4. 理解企业内部不同部门和人员之间的分工与协作关系。
5. 掌握企业综合费用表、利润表、资产负债表的编制方法。

【实验任务】

1. 根据模拟年决策，完成企业模拟年运营。
2. 记录企业模拟年现金流，填制现金流量表。
3. 根据企业模拟年运行结果编制综合费用表、利润表、资产负债表。

【实验步骤】

1. 完成企业模拟年的运营①。

（1）制定模拟年重要决策，填写表 3—1。

---

① 模拟年无订单，初始资金（股东资本 600 万元）。

表 3—1 **模拟年重要决策**

运营年	市场战略	产品战略	厂房		生产线		产品研发	市场开拓	ISO 认证	筹资（W）		
			租	买	类型	数量				长期贷款	短期贷款	
第 0 年	本地	P1		400	半	1	P1	本地		400（5Y）	1Q	0
											2Q	0
											3Q	0
					手	3					4Q	0

（2）根据表 3—2，在“商战”系统中完成模拟年经营。

表 3—2 **模拟年经营任务表**

	操作流程	操作说明	操作记录（收入为＋，支出为－）			
年初	新年度规划会议					
年初	广告投放	输入广告费确认				
年初	参加订货会选订单/登记订单	选单				
年初	支付应付税（25%）	系统自动				
年初	支付长期贷款利息	系统自动				
年初	更新长期贷款/长期贷款还款	系统自动				
年初	申请长期贷款	输入贷款数额并确认	400（5Y）			
			一季度	二季度	三季度	四季度
1	季初盘点（请填余额）	产品完工入库/更新生产；生产线完工检测（自动）	1 000	530	460	220
2	更新短贷/短贷还本付息	系统自动				
3	申请短期贷款	输入贷款数额并确认				
4	原材料入库/更新原料订单	需要确认金额			−40(R1)	
5	下原材料订单	输入并确认		4(R1)		1(R1)
6	购买/租用—厂房	选择并确认，自动扣现金	−400			
7	新建生产线	选择厂房、生产线、产品	−50（半 p1）		−150（手 p1）	
8	再建生产线	选择继续投资生产线确认		−50(半)		
9	生产线转产	在生产线上选择产品确认				
10	生产线变卖	选择并确认				
11	开始下一批生产	选择并确认			−40(P1)	
12	更新应收账款/应收账款收现	需要输入到期金额				
13	按订单交货	选则交货订单确认				

续前表

	操作流程	操作说明	操作记录（收入为＋，支出为－）			
14	产品研发投资	选择并确认	－10(P1)	－10(P1)		
15	厂房出售（买转租）/退租/租转买	选择确认，自动转应收款				
16	新市场开拓/ISO资格投资	仅第四季允许操作				－10(本)
17	支付管理费/更新厂房租金	系统自动	－10	－10	－10	－10
18	紧急采购	输入并确认（随时进行）				
19	出售库存	输入并确认（随时进行）				
20	厂房贴现	输入并确认（随时进行）				
21	应收账款贴现	输入并确认（随时进行）				
22	其他					
23	季末收入合计		0	0	0	0
24	季末支出合计		－470	－70	－240	－20
25	季末数额对账[(1)＋(23)－(24)]		530	460	220	200
年末	缴纳违约订单罚款（20%）	系统自动				0
	支付设备维护费	系统自动				－40
	计提折旧	系统自动				(0)
	结账					160

2. 记录企业模拟年现金流，填写表3—3。

表3—3 **模拟年现金流量表** 单位：W

项目	第1季	第2季	第3季	第4季
长期贷款（＋）	400	0	0	0
短期贷款（＋）	0	0	0	0
现金货款（＋）	0	0	0	0
应收账款到期（＋）	0	0	0	0
应收账款贴现（＋）	0	0	0	0
变卖生产线（＋）	0	0	0	0
变卖原材料（＋）	0	0	0	0
变卖产成品（＋）	0	0	0	0
变卖/贴现厂房（＋）	0	0	0	0
收入总计	400	0	0	0
支付上年应交税金	0	0	0	0

续前表

项目	第1季	第2季	第3季	第4季
广告费	0	0	0	0
归还长期贷款及利息	0	0	0	0
贴现费用	0	0	0	0
归还短期贷款及利息	0	0	0	0
原材料采购支付现金	0	0	40	0
购买厂房	400	0	0	0
转产费	0	0	0	0
生产线投资	50	50	150	0
生产加工费	0	0	40	0
产品研发费	10	10	0	0
租金	0	0	0	0
行政管理费	10	10	10	10
市场开拓费	0	0	0	10
ISO认证费	0	0	0	0
维护费	0	0	0	40
违约罚款	0	0	0	0
成品采购支付现金	0	0	0	0
其他	0	0	0	0
支出总计	470	70	240	60
现金余额	530	460	220	160

3. 编制财务报表，填写表3—4至表3—6。

模拟年财务报表

表3—4　　综合费用明细表　　单位：W

项目	金额
管理费	40
广告费	0
维护费	40
损失	0
转产费	0
租金	0
市场开拓费	10
产品研发费	20
ISO认证费	0
信息费	0
合　计	110

表3—5　　利润表　　单位：W

项目	年初数	期末数
销售收入	0	0
直接成本	0	0
毛利	0	0
综合费用	0	110
折旧前利润	0	—110
折旧	0	0
支付利息前利润	0	—110
财务费用	0	0
税前利润	0	0
所得税	0	0
年度净利润	0	—110

表 3—6 **资产负债表** 单位：W

、　资产	年初数	期末数	负债及所有者权益	年初数	期末数
流动资产：			负债：		
现金	600	160	长期负债	0	400
应收账款	0	0	短期负债	0	0
在制品	0	80	特别贷款	0	0
产成品	0	0	应交所得税	0	0
原材料	0	0	—	—	—
流动资产合计	600	240	负债合计	0	400
固定资产：			所有者权益：		
厂房	0	400	股东资本	600	600
机器和设备	0	250	利润留存	0	0
在建工程	0	0	年度净利润	0	－110
固定资产合计	0	650	所有者权益合计	600	490
资产总计	600	890	负债和所有者权益总计	600	890

实验三

企业经营模拟

【实验目的】

1. 理解企业进行市场预测的重要性。
2. 能够利用市场预测图表信息进行科学决策。
3. 理解 ERP 管理的核心思想。
4. 了解企业运营过程。
5. 掌握企业计划的编制。
6. 理解企业运营价值最大化的内涵。
7. 掌握科学决策的基本方法。
8. 能够对企业经营数据进行分析。

【实验任务】

1. 根据实际分组查看相应市场预测表，对预测数据进行分析。

2. 根据教师所给起始资金进行创业（第 1 年为创业年[①]）。

3. 完成企业 8 年的模拟运营（实际经营年限以教师设置为准）。

4. 编制企业 1～8 年年度经营规划、产量预估、销量预估计划、原料采购计划、资金预算、融资计划等表格。

5. 编制 1～8 年企业经营财务报表。

① 创业年无市场订单。模拟经营可由创业年开始，或在模拟年的基础上继续经营，以教师设置为准。

6. 根据经营数据，进行各项分析。

7. 运营结束后，分析企业最终经营结果，并提交个人角色体验报告。

【实验步骤】

1. 创业年（第1年）运营

（1）查看相应的市场预测表（见附录二或附录三），对市场和产品进行分析。

（2）起始资金：________W。

（3）进行战略决策。

（4）完成第一年运营，并填写表3—7至表3—19。

表3—7　　第1年重要决策信息

<table>
<tr><th rowspan="2">市场战略</th><th rowspan="2">产品战略</th><th colspan="2">厂房</th><th colspan="2">生产线</th><th rowspan="2">产品研发</th><th rowspan="2">市场开拓</th><th rowspan="2">ISO 认证</th><th colspan="3">筹资策略</th></tr>
<tr><th>租</th><th>买</th><th>类型</th><th>数量</th><th>长期贷款（W）</th><th colspan="2">短期贷款（W）</th></tr>
<tr><td rowspan="4"></td><td rowspan="4"></td><td rowspan="4"></td><td rowspan="4"></td><td rowspan="4"></td><td rowspan="4"></td><td rowspan="4"></td><td rowspan="4"></td><td rowspan="4"></td><td rowspan="4"></td><td>Q1</td><td></td></tr>
<tr><td>Q2</td><td></td></tr>
<tr><td>Q3</td><td></td></tr>
<tr><td>Q4</td><td></td></tr>
</table>

表3—8　　第1年产量预估

	P1	P2	P3	P4
Q1				
Q2				
Q3				
Q4				
合计				

表3—9　　第1年库存登记信息

产品	P1	P2	P3	P4
数量				
原材料	R1	R2	R3	R4
数量				

表 3—10　　第 1 年可销售量预估

	P1	P2	P3	P4
Q1				
Q2				
Q3				
Q4				
合计				

表 3—11　　第 1 年原材料采购计划

季度 原材料	期初库存数量	采购数量			
		Q1	Q2	Q3	Q4
R1					
R2					
R3					
R4					

表 3—12　　第 1 年资金预算

季度 事项	Q1	Q2	Q3	Q4
期初存量				
预计本季流入				
预计本季支出				
预计资金缺口				

表 3—13　　第 1 年融资计划　　单位：W

季度 方式	Q1	Q2	Q3	Q4
长期贷款				
短期贷款				
贴现				
其他				

表 3—14　　第 1 年运营结果信息记录表

厂房		生产线		研发产品		市场		ISO 认证		筹资（W）				
租	买	类型	数量	已完成	在研	已完成	开拓中	已完成	开发中	长期贷款	短期贷款		其他	
											Q1		Q1	
											Q2		Q2	
											Q3		Q3	
											Q4		Q4	

表 3—15 第 1 年运营记录表

年初	新年度规划会议				
	投放广告/登记销售订单				
	制定新年度计划				
	支付应交税金				
	支付长期贷款利息				
	更新长期贷款/长期贷款还款				
	申请长期贷款				
	现金/原材料/在制品/产品库存台账	一季度	二季度	三季度	四季度
1	季初盘点				
2	短期贷款还本付息				
3	申请短期贷款				
4	原材料入库				
5	下原材料订单				
6	购买/租用厂房				
7	新建生产线				
8	在建生产线				
9	生产线转产				
10	变卖生产线				
11	开始下一批生产				
12	应收账款收现				
13	按订单交货				
14	厂房出售/买转租/退租/租转买				
15	产品研发投资				
16	新市场开拓				
17	ISO 资格认证投资				
18	支付管理费/更新厂房租金				
19	紧急采购（随时进行）				
20	出售库存（随时进行）				
21	厂房贴现（随时进行）				
22	应收账款贴现（随时进行）				
23	其他				
24	季末入库合计				
25	季末出库合计				
26	季末数额对账［1＋24＋25］				
年末	缴纳违约订单罚款				
	支付设备维修费				
	计提折旧				（　　）
	结账				

表 3—16　　　　　　　　　　**第 1 年现金流量表**　　　　　　　　　　单位：W

项目	第 1 季	第 2 季	第 3 季	第 4 季
长期贷款（+）				
短期贷款（+）				
现金贷款（+）				
应收账款到期（+）				
应收账款贴现（+）				
变卖生产线（+）				
变卖原材料（+）				
变卖产成品（+）				
变卖/贴现厂房（+）				
其他（+）				
收入总计				
支付上年应交税金				
广告费				
归还长期贷款及利息				
贴现费用				
归还短期贷款及利息				
原材料采购支付现金				
购买厂房				
转产费				
生产线投资				
生产加工费				
产品研发费				
租金				
行政管理费				
市场开拓费				
ISO 认证费				
维护费				
违约罚款				
成品采购支付现金				
其他				
支出总计				
现金余额				

第 1 年企业财务报表

表 3—17 综合费用明细表 单位：W

项目	金额
管理费	
广告费	
维护费	
损失	
转产费	
租金	
市场开拓费	
产品研发费	
ISO 认证费	
信息费	
合　计	

表 3—18 利润表 单位：W

项目	年初数	期末数
销售收入		
直接成本		
毛利		
综合费用		
折旧前利润		
折旧		
支付利息前利润		
财务费用		
税前利润		
所得税		
年度净利润		

表 3—19 资产负债表 单位：W

资产	年初数	期末数	负债及所有者权益	年初数	期末数
流动资产：			负债：		
现金			长期负债		
应收账款			短期负债		
在制品			特别贷款		
产成品			应交所得税		
原材料			—	—	—
流动资产合计			负债合计		
固定资产：			所有者权益：		
厂房			股东资本		
机器和设备			利润留存		
在建工程			年度净利润		
固定资产合计			所有者权益合计		
资产总计			负债和所有者权益总计		

2. 第 2 年运营

完成第 2 年运营，并填写表 3—20 至表 3—33。

表 3—20　　第 2 年广告费投放登记

年度	产品／广告费／市场类型	P1	P2	P3	P4
第2年	本地				
	区域				
	国内				
	亚洲				
	国际				

表 3—21　　第 2 年重要决策信息

市场战略	产品战略	厂房		生产线		产品研发	市场开拓	ISO 认证	筹资策略		
		租	买	类型	数量				长期贷款（W）	短期贷款（W）	
										Q1	
										Q2	
										Q3	
										Q4	

表 3—22　　第 2 年产量预估

	P1	P2	P3	P4
Q1				
Q2				
Q3				
Q4				
合计				

表 3—23　　第 2 年库存登记信息

产品	P1	P2	P3	P4
数量				
原材料	R1	R2	R3	R4
数量				

表 3—24　　第 2 年可销售量预估

	P1	P2	P3	P4
Q1				
Q2				
Q3				
Q4				
合计				

表 3—25 第 2 年原材料采购计划

季度 / 原材料	期初库存数量	采购数量			
		Q1	Q2	Q3	Q4
R1					
R2					
R3					
R4					

表 3—26 第 2 年资金预算

季度 / 事项	Q1	Q2	Q3	Q4
期初存量				
预计本季流入				
预计本季支出				
预计资金缺口				

表 3—27 第 2 年融资计划 单位：W

季度 / 方式	Q1	Q2	Q3	Q4
长期贷款				
短期贷款				
贴现				
其他				

表 3—28 第 2 年运营结果信息记录表

厂房		生产线		研发产品		市场		ISO 认证		筹资（W）				
租	买	类型	数量	已完成	在研	已完成	开拓中	已完成	开发中	长期贷款	短期贷款		其他	
											Q1		Q1	
											Q2		Q2	
											Q3		Q3	
											Q4		Q4	

表 3—29　　　　第 2 年运营记录表

年初	新年度规划会议				
	投放广告/登记销售订单				
	制定新年度计划				
	支付应交税金				
	支付长期贷款利息				
	更新长期贷款/长期贷款还款				
	申请长期贷款				
	现金/原材料/在制品/产品库存台账	一季度	二季度	三季度	四季度
1	季初盘点				
2	短期贷款还本付息				
3	申请短期贷款				
4	原材料入库				
5	下原材料订单				
6	购买/租用厂房				
7	新建生产线				
8	在建生产线				
9	生产线转产				
10	变卖生产线				
11	开始下一批生产				
12	应收账款收现				
13	按订单交货				
14	厂房出售/买转租/退租/租转买				
15	产品研发投资				
16	新市场开拓				
17	ISO 资格认证投资				
18	支付管理费/更新厂房租金				
19	紧急采购（随时进行）				
20	出售库存（随时进行）				
21	厂房贴现（随时进行）				
22	应收账款贴现（随时进行）				
23	其他				
24	季末入库合计				
25	季末出库合计				
26	季末数额对账［1+24+25］				
年末	缴纳违约订单罚款				
	支付设备维修费				
	计提折旧				（　　）
	结账				

表 3—30　　　　　　　　　　**第 2 年现金流量表**　　　　　　　　　　单位：W

项目	第 1 季	第 2 季	第 3 季	第 4 季
长期贷款（+）				
短期贷款（+）				
现金贷款（+）				
应收账款到期（+）				
应收账款贴现（+）				
变卖生产线（+）				
变卖原材料（+）				
变卖产成品（+）				
变卖/贴现厂房（+）				
其他（+）				
收入总计				
支付上年应交税金				
广告费				
归还长期贷款及利息				
贴现费用				
归还短期贷款及利息				
原材料采购支付现金				
购买厂房				
转产费				
生产线投资				
生产加工费				
产品研发费				
租金				
行政管理费				
市场开拓费				
ISO 认证费				
维护费				
违约罚款				
成品采购支付现金				
其他				
支出总计				
现金余额				

第 2 年企业财务报表

表 3—31　综合费用明细表　单位：W

项目	金额
管理费	
广告费	
维护费	
损失	
转产费	
租金	
市场开拓费	
产品研发费	
ISO 认证费	
信息费	
合　计	

表 3—32　利润表　单位：W

项目	年初数	期末数
销售收入		
直接成本		
毛利		
综合费用		
折旧前利润		
折旧		
支付利息前利润		
财务费用		
税前利润		
所得税		
年度净利润		

表 3—33　资产负债表　单位：W

资产	年初数	期末数	负债及所有者权益	年初数	期末数
流动资产：			负债：		
现金			长期负债		
应收账款			短期负债		
在制品			特别贷款		
产成品			应交所得税		
原材料			—	—	—
流动资产合计			负债合计		
固定资产：			所有者权益：		
厂房			股东资本		
机器和设备			利润留存		
在建工程			年度净利润		
固定资产合计			所有者权益合计		
资产总计			负债和所有者权益总计		

3. 第 3 年运营

完成第 3 年运营，并填写表 3—34 至表 3—47。

表 3—34　　第 3 年广告费投放登记

年度	市场类型 \ 广告费 \ 产品	P1	P2	P3	P4
第3年	本地				
	区域				
	国内				
	亚洲				
	国际				

表 3—35　　第 3 年重要决策信息

市场战略	产品战略	厂房		生产线		产品研发	市场开拓	ISO 认证	筹资策略		
		租	买	类型	数量				长期贷款（W）	短期贷款（W）	
										Q1	
										Q2	
										Q3	
										Q4	

表 3—36　　第 3 年产量预估

	P1	P2	P3	P4
Q1				
Q2				
Q3				
Q4				
合计				

表 3—37　　第 3 年库存登记信息

产品	P1	P2	P3	P4
数量				
原材料	R1	R2	R3	R4
数量				

表 3—38　　第 3 年可销售量预估

	P1	P2	P3	P4
Q1				
Q2				
Q3				
Q4				
合计				

表 3—39　　第 3 年原材料采购计划

原材料＼季度	期初库存数量	采购数量			
		Q1	Q2	Q3	Q4
R1					
R2					
R3					
R4					

表 3—40　　第 3 年资金预算

事项＼季度	Q1	Q2	Q3	Q4
期初存量				
预计本季流入				
预计本季支出				
预计资金缺口				

表 3—41　　第 3 年融资计划　　单位：W

方式＼季度	Q1	Q2	Q3	Q4
长期贷款				
短期贷款				
贴现				
其他				

表 3—42　　第 3 年运营结果信息记录表

厂房		生产线		研发产品		市场		ISO 认证		筹资（W）				
租	买	类型	数量	已完成	在研	已完成	开拓中	已完成	开发中	长期贷款	短期贷款		其他	
											Q1		Q1	
											Q2		Q2	
											Q3		Q3	
											Q4		Q4	

表 3—43 **第 3 年运营记录表**

年初	新年度规划会议				
	投放广告/登记销售订单				
	制定新年度计划				
	支付应付税金				
	支付长期贷款利息				
	更新长期贷款/长期贷款还款				
	申请长期贷款				
	现金/原材料/在制品/产品库存台账	一季度	二季度	三季度	四季度
1	季初盘点				
2	短期贷款还本付息				
3	申请短期贷款				
4	原材料入库				
5	下原材料订单				
6	购买/租用厂房				
7	新建生产线				
8	在建生产线				
9	生产线转产				
10	变卖生产线				
11	开始下一批生产				
12	应收账款收现				
13	按订单交货				
14	厂房出售/买转租/退租/租转买				
15	产品研发投资				
16	新市场开拓				
17	ISO 资格认证投资				
18	支付管理费/更新厂房租金				
19	紧急采购（随时进行）				
20	出售库存（随时进行）				
21	厂房贴现（随时进行）				
22	应收账款贴现（随时进行）				
23	其他				
24	季末入库合计				
25	季末出库合计				
26	季末数额对账［1＋24＋25］				
年末	缴纳违约订单罚款				
	支付设备维修费				
	计提折旧				（ ）
	结账				

表 3—44 第 3 年现金流量表 单位：W

项目	第 1 季	第 2 季	第 3 季	第 4 季
长期贷款（+）				
短期贷款（+）				
现金贷款（+）				
应收账款到期（+）				
应收账款贴现（+）				
变卖生产线（+）				
变卖原材料（+）				
变卖产成品（+）				
变卖/贴现厂房（+）				
其他（+）				
收入总计				
支付上年应交税金				
广告费				
归还长期贷款及利息				
贴现费用				
归还短期贷款及利息				
原材料采购支付现金				
购买厂房				
转产费				
生产线投资				
生产加工费				
产品研发费				
租金				
行政管理费				
市场开拓费				
ISO 认证费				
维护费				
违约罚款				
成品采购支付现金				
其他				
支出总计				
现金余额				

第 3 年企业财务报表

表 3—45　综合费用明细表　单位：W

项目	金额
管理费	
广告费	
维护费	
损失	
转产费	
租金	
市场开拓费	
产品研发费	
ISO 认证费	
信息费	
合　计	

表 3—46　利润表　单位：W

项目	年初数	期末数
销售收入		
直接成本		
毛利		
综合费用		
折旧前利润		
折旧		
支付利息前利润		
财务费用		
税前利润		
所得税		
年度净利润		

表 3—47　资产负债表　单位：W

资产	年初数	期末数	负债及所有者权益	年初数	期末数
流动资产：			负债：		
现金			长期负债		
应收账款			短期负债		
在制品			特别贷款		
产成品			应交所得税		
原材料			—	—	—
流动资产合计			负债合计		
固定资产：			所有者权益：		
厂房			股东资本		
机器设备			利润留存		
在建工程			年度净利润		
固定资产合计			所有者权益合计		
资产总计			负债和所有者权益总计		

4. 第 4 年运营

完成第 4 年运营，并填写表 3—48 至表 3—61。

表 3—48　　**第 4 年广告费投放登记**

年度	产品 广告费 市场类型	P1	P2	P3	P4
第4年	本地				
	区域				
	国内				
	亚洲				
	国际				

表 3—49　　**第 4 年重要决策信息**

市场战略	产品战略	厂房		生产线		产品研发	市场开拓	ISO 认证	筹资策略		
		租	买	类型	数量				长期贷款（W）	短期贷款（W）	
										Q1	
										Q2	
										Q3	
										Q4	

表 3—50　　**第 4 年产量预估**

	P1	P2	P3	P4
Q1				
Q2				
Q3				
Q4				
合计				

表 3—51　　**第 4 年库存登记信息**

产品	P1	P2	P3	P4
数量				
原材料	R1	R2	R3	R4
数量				

表 3—52　　**第 4 年可销售量预估**

	P1	P2	P3	P4
Q1				
Q2				
Q3				
Q4				
合计				

表 3—53 **第 4 年原材料采购计划**

季度 原材料	期初库存数量	采购数量			
		Q1	Q2	Q3	Q4
R1					
R2					
R3					
R4					

表 3—54 **第 4 年资金预算**

季度 事项	Q1	Q2	Q3	Q4
期初存量				
预计本季流入				
预计本季支出				
预计资金缺口				

表 3—55 **第 4 年融资计划** 单位：W

季度 方式	Q1	Q2	Q3	Q4
长期贷款				
短期贷款				
贴现				
其他				

表 3—56 **第 4 年运营结果信息记录表**

厂房		生产线		研发产品		市场		ISO 认证		筹资（W）				
租	买	类型	数量	已完成	在研	已完成	开拓中	已完成	开发中	长期贷款	短期贷款		其他	
											Q1		Q1	
											Q2		Q2	
											Q3		Q3	
											Q4		Q4	

表 3—57 第 4 年运营记录表

年初	新年度规划会议				
	投放广告/登记销售订单				
	制定新年度计划				
	支付应付税金				
	支付长期贷款利息				
	更新长期贷款/长期贷款还款				
	申请长期贷款				
	现金/原材料/在制品/产品库存台账	一季度	二季度	三季度	四季度
1	季初盘点				
2	短期贷款还本付息				
3	申请短期贷款				
4	原材料入库				
5	下原材料订单				
6	购买/租用厂房				
7	新建生产线				
8	在建生产线				
9	生产线转产				
10	变卖生产线				
11	开始下一批生产				
12	应收账款收现				
13	按订单交货				
14	厂房出售/买转租/退租/租转买				
15	产品研发投资				
16	新市场开拓				
17	ISO 资格认证投资				
18	支付管理费/更新厂房租金				
19	紧急采购（随时进行）				
20	出售库存（随时进行）				
21	厂房贴现（随时进行）				
22	应收账款贴现（随时进行）				
23	其他				
24	季末入库合计				
25	季末出库合计				
26	季末数额对账［1+24+25］				
年末	缴纳违约订单罚款				
	支付设备维修费				
	计提折旧				（ ）
	结账				

表 3—58　　　　　　　　　　　　**第 4 年现金流量表**　　　　　　　　　　　　单位：W

项目	第 1 季	第 2 季	第 3 季	第 4 季
长期贷款（+）				
短期贷款（+）				
现金贷款（+）				
应收账款到期（+）				
应收账款贴现（+）				
变卖生产线（+）				
变卖原材料（+）				
变卖产成品（+）				
变卖/贴现厂房（+）				
其他（+）				
收入总计				
支付上年应交税金				
广告费				
归还长期贷款及利息				
贴现费用				
归还短期贷款及利息				
原材料采购支付现金				
购买厂房				
转产费				
生产线投资				
生产加工费				
产品研发费				
租金				
行政管理费				
市场开拓费				
ISO 认证费				
维护费				
违约罚款				
成品采购支付现金				
其他				
支出总计				
现金余额				

第 4 年企业财务报表

表 3—59　　综合费用明细表　　单位：W

项目	金额
管理费	
广告费	
维护费	
损失	
转产费	
租金	
市场开拓费	
产品研发费	
ISO 认证费	
信息费	
合　计	

表 3—60　　利润表　　单位：W

项目	年初数	期末数
销售收入		
直接成本		
毛利		
综合费用		
折旧前利润		
折旧		
支付利息前利润		
财务费用		
税前利润		
所得税		
年度净利润		

表 3—61　　资产负债表　　单位：W

资产	年初数	期末数	负债及所有者权益	年初数	期末数
流动资产：			负债：		
现金			长期负债		
应收账款			短期负债		
在制品			特别贷款		
产成品			应交所得税		
原材料			—	—	—
流动资产合计			负债合计		
固定资产：			所有者权益：		
厂房			股东资本		
机器设备			利润留存		
在建工程			年度净利润		
固定资产合计			所有者权益合计		
资产总计			负债和所有者权益总计		

5. 第 5 年运营

完成第 5 年运营，并填写表 3—62 至表 3—75。

表 3—62 **第 5 年广告费投放登记**

年度	产品 / 广告费 / 市场类型	P1	P2	P3	P4
第5年	本地				
	区域				
	国内				
	亚洲				
	国际				

表 3—63 **第 5 年重要决策信息**

<table>
<tr><th rowspan="3">市场战略</th><th rowspan="3">产品战略</th><th colspan="2">厂房</th><th colspan="2">生产线</th><th rowspan="3">产品研发</th><th rowspan="3">市场开拓</th><th rowspan="3">ISO 认证</th><th colspan="3">筹资策略</th></tr>
<tr><th rowspan="2">租</th><th rowspan="2">买</th><th rowspan="2">类型</th><th rowspan="2">数量</th><th rowspan="2">长期贷款（W）</th><th colspan="2">短期贷款（W）</th></tr>
<tr></tr>
<tr><td rowspan="4"></td><td rowspan="4"></td><td rowspan="4"></td><td rowspan="4"></td><td rowspan="4"></td><td rowspan="4"></td><td rowspan="4"></td><td rowspan="4"></td><td rowspan="4"></td><td rowspan="4"></td><td>Q1</td><td></td></tr>
<tr><td>Q2</td><td></td></tr>
<tr><td>Q3</td><td></td></tr>
<tr><td>Q4</td><td></td></tr>
</table>

表 3—64 **第 5 年产量预估**

	P1	P2	P3	P4
Q1				
Q2				
Q3				
Q4				
合计				

表 3—65 **第 5 年库存登记信息**

产品	P1	P2	P3	P4
数量				
原材料	R1	R2	R3	R4
数量				

表 3—66 **第 5 年可销售量预估**

	P1	P2	P3	P4
Q1				
Q2				
Q3				
Q4				
合计				

表 3—67 **第 5 年原材料采购计划**

季度／原材料	期初库存数量	采购数量			
		Q1	Q2	Q3	Q4
R1					
R2					
R3					
R4					

表 3—68 **第 5 年资金预算**

季度／事项	Q1	Q2	Q3	Q4
期初存量				
预计本季流入				
预计本季支出				
预计资金缺口				

表 3—69 **第 5 年融资计划** 单位：W

季度／方式	Q1	Q2	Q3	Q4
长期贷款				
短期贷款				
贴现				
其他				

表 3—70 **第 5 年运营结果信息记录表**

厂房		生产线		研发产品		市场		ISO 认证		筹资（W）				
租	买	类型	数量	已完成	在研	已完成	开拓中	已完成	开发中	长期贷款	短期贷款		其他	
											Q1		Q1	
											Q2		Q2	
											Q3		Q3	
											Q4		Q4	

表 3—71

第 5 年运营记录表

年初	新年度规划会议				
	投放广告/登记销售订单				
	制定新年度计划				
	支付应付税金				
	支付长期贷款利息				
	更新长期贷款/长期贷款还款				
	申请长期贷款				
	现金/原材料/在制品/产品库存台账	一季度	二季度	三季度	四季度
1	季初盘点				
2	短期贷款还本付息				
3	申请短期贷款				
4	原材料入库				
5	下原材料订单				
6	购买/租用厂房				
7	新建生产线				
8	在建生产线				
9	生产线转产				
10	变卖生产线				
11	开始下一批生产				
12	应收账款收现				
13	按订单交货				
14	厂房出售/买转租/退租/租转买				
15	产品研发投资				
16	新市场开拓				
17	ISO资格认证投资				
18	支付管理费/更新厂房租金				
19	紧急采购（随时进行）				
20	出售库存（随时进行）				
21	厂房贴现（随时进行）				
22	应收账款贴现（随时进行）				
23	其他				
24	季末入库合计				
25	季末出库合计				
26	季末数额对账［1＋24＋25］				
年末	缴纳违约订单罚款				
	支付设备维修费				
	计提折旧				（ ）
	结账				

表 3—72　　**第 5 年现金流量表**　　单位：W

项目	第 1 季	第 2 季	第 3 季	第 4 季
长期贷款（+）				
短期贷款（+）				
现金贷款（+）				
应收账款到期（+）				
应收账款贴现（+）				
变卖生产线（+）				
变卖原材料（+）				
变卖产成品（+）				
变卖/贴现厂房（+）				
其他（+）				
收入总计				
支付上年应交税金				
广告费				
归还长期贷款及利息				
贴现费用				
归还短期贷款及利息				
原材料采购支付现金				
购买厂房				
转产费				
生产线投资				
生产加工费				
产品研发费				
租金				
行政管理费				
市场开拓费				
ISO 认证费				
维护费				
违约罚款				
成品采购支付现金				
其他				
支出总计				
现金余额				

第 5 年企业财务报表

表 3—73　　综合费用明细表　　单位：W

项目	金额
管理费	
广告费	
维护费	
损失	
转产费	
租金	
市场开拓费	
产品研发费	
ISO 认证费	
信息费	
合　计	

表 3—74　　利润表　　单位：W

项目	年初数	期末数
销售收入		
直接成本		
毛利		
综合费用		
折旧前利润		
折旧		
支付利息前利润		
财务费用		
税前利润		
所得税		
年度净利润		

表 3—75　　资产负债表　　单位：W

资产	年初数	期末数	负债及所有者权益	年初数	期末数
流动资产：			负债：		
现金			长期负债		
应收账款			短期负债		
在制品			特别贷款		
产成品			应交所得税		
原材料			—	—	—
流动资产合计			负债合计		
固定资产：			所有者权益：		
厂房			股东资本		
机器设备			利润留存		
在建工程			年度净利润		
固定资产合计			所有者权益合计		
资产总计			负债和所有者权益总计		

6. 第 6 年运营

完成第 6 年运营，并填写表 3—76 至表 3—89。

表 3—76　　第 6 年广告费投放登记

年度	产品 / 广告费 / 市场类型	P1	P2	P3	P4
第6年	本地				
	区域				
	国内				
	亚洲				
	国际				

表 3—77　　第 6 年重要决策信息

市场战略	产品战略	厂房		生产线		产品研发	市场开拓	ISO 认证	筹资策略		
		租	买	类型	数量				长期贷款（W）	短期贷款（W）	
										Q1	
										Q2	
										Q3	
										Q4	

表 3—78　　第 6 年产量预估

	P1	P2	P3	P4
Q1				
Q2				
Q3				
Q4				
合计				

表 3—79　　第 6 年库存登记信息

产品	P1	P2	P3	P4
数量				
原材料	R1	R2	R3	R4
数量				

表 3—80　　第 6 年可销售量预估

	P1	P2	P3	P4
Q1				
Q2				
Q3				
Q4				
合计				

表 3—81　　第 6 年原材料采购计划

原材料＼季度	期初库存数量	采购数量			
		Q1	Q2	Q3	Q4
R1					
R2					
R3					
R4					

表 3—82　　第 6 年资金预算

事项＼季度	Q1	Q2	Q3	Q4
期初存量				
预计本季流入				
预计本季支出				
预计资金缺口				

表 3—83　　第 6 年融资计划　　单位：W

方式＼季度	Q1	Q2	Q3	Q4
长期贷款				
短期贷款				
贴现				
其他				

表 3—84　　第 6 年运营结果信息记录表

厂房		生产线		研发产品		市场		ISO 认证		筹资（W）				
租	买	类型	数量	已完成	在研	已完成	开拓中	已完成	开发中	长期贷款	短期贷款		其他	
											Q1		Q1	
											Q2		Q2	
											Q3		Q3	
											Q4		Q4	

表 3—85　　　　**第 6 年运营记录表**

年初	新年度规划会议				
	投放广告/登记销售订单				
	制定新年度计划				
	支付应付税金				
	支付长期贷款利息				
	更新长期贷款/长期贷款还款				
	申请长期贷款				
	现金/原材料/在制品/产品库存台账	一季度	二季度	三季度	四季度
1	季初盘点				
2	短期贷款还本付息				
3	申请短期贷款				
4	原材料入库				
5	下原材料订单				
6	购买/租用厂房				
7	新建生产线				
8	在建生产线				
9	生产线转产				
10	变卖生产线				
11	开始下一批生产				
12	应收账款收现				
13	按订单交货				
14	厂房出售/买转租/退租/租转买				
15	产品研发投资				
16	新市场开拓				
17	ISO 资格认证投资				
18	支付管理费/更新厂房租金				
19	紧急采购（随时进行）				
20	出售库存（随时进行）				
21	厂房贴现（随时进行）				
22	应收账款贴现（随时进行）				
23	其他				
24	季末入库合计				
25	季末出库合计				
26	季末数额对账［1＋24＋25］				
年末	缴纳违约订单罚款				
	支付设备维修费				
	计提折旧				（　　）
	结账				

表 3—86　　　　第 6 年现金流量表　　　　单位：W

项目	第 1 季	第 2 季	第 3 季	第 4 季
长期贷款（＋）				
短期贷款（＋）				
现金贷款（＋）				
应收账款到期（＋）				
应收账款贴现（＋）				
变卖生产线（＋）				
变卖原材料（＋）				
变卖产成品（＋）				
变卖/贴现厂房（＋）				
其他（＋）				
收入总计				
支付上年应交税金				
广告费				
归还长期贷款及利息				
贴现费用				
归还短期贷款及利息				
原材料采购支付现金				
购买厂房				
转产费				
生产线投资				
生产加工费				
产品研发费				
租金				
行政管理费				
市场开拓费				
ISO 认证费				
维护费				
违约罚款				
成品采购支付现金				
其他				
支出总计				
现金余额				

第 6 年企业财务报表

表 3—87　　综合费用明细表　　单位：W

项目	金额
管理费	
广告费	
维护费	
损失	
转产费	
租金	
市场开拓费	
产品研发费	
ISO 认证费	
信息费	
合　计	

表 3—88　　利润表　　单位：W

项目	年初数	期末数
销售收入		
直接成本		
毛利		
综合费用		
折旧前利润		
折旧		
支付利息前利润		
财务费用		
税前利润		
所得税		
年度净利润		

表 3—89　　资产负债表　　单位：W

资产	年初数	期末数	负债及所有者权益	年初数	期末数
流动资产：			负债：		
现金			长期负债		
应收账款			短期负债		
在制品			特别贷款		
产成品			应交所得税		
原材料			—	—	—
流动资产合计			负债合计		
固定资产：			所有者权益：		
厂房			股东资本		
机器设备			利润留存		
在建工程			年度净利润		
固定资产合计			所有者权益合计		
资产总计			负债和所有者权益总计		

7. 第 7 年运营

完成第 7 年运营，并填写表 3—90 至表 3—103。

表 3—90 第 7 年广告费投放登记

年度	产品 / 广告费 / 市场类型	P1	P2	P3	P4
第7年	本地				
	区域				
	国内				
	亚洲				
	国际				

表 3—91 第 7 年重要决策信息

市场战略	产品战略	厂房		生产线		产品研发	市场开拓	ISO 认证	筹资策略		
		租	买	类型	数量				长期贷款（W）	短期贷款（W）	
										Q1	
										Q2	
										Q3	
										Q4	

表 3—92 第 7 年产量预估

	P1	P2	P3	P4
Q1				
Q2				
Q3				
Q4				
合计				

表 3—93 第 7 年库存登记信息

产品	P1	P2	P3	P4
数量				
原材料	R1	R2	R3	R4
数量				

表 3—94 第 7 年可销售量预估

	P1	P2	P3	P4
Q1				
Q2				
Q3				
Q4				
合计				

表 3—95　　　　　　　　**第 7 年原材料采购计划**

季度 / 原材料	期初库存数量	采购数量			
		Q1	Q2	Q3	Q4
R1					
R2					
R3					
R4					

表 3—96　　　　　　　　**第 7 年资金预算**

季度 / 事项	Q1	Q2	Q3	Q4
期初存量				
预计本季流入				
预计本季支出				
预计资金缺口				

表 3—97　　　　　　　　**第 7 年融资计划**　　　　　　　　单位：W

季度 / 方式	Q1	Q2	Q3	Q4
长期贷款				
短期贷款				
贴现				
其他				

表 3—98　　　　　　　　**第 7 年运营结果信息记录表**

厂房		生产线		研发产品		市场		ISO 认证		筹资（W）				
租	买	类型	数量	已完成	在研	已完成	开拓中	已完成	开发中	长期贷款	短期贷款		其他	
											Q1		Q1	
											Q2		Q2	
											Q3		Q3	
											Q4		Q4	

表 3—99　　　　第 7 年运营记录表

年初	新年度规划会议				
	投放广告/登记销售订单				
	制定新年度计划				
	支付应付税金				
	支付长期贷款利息				
	更新长期贷款/长期贷款还款				
	申请长期贷款				
	现金/原材料/在制品/产品库存台账	一季度	二季度	三季度	四季度
1	季初盘点				
2	短期贷款还本付息				
3	申请短期贷款				
4	原材料入库				
5	下原材料订单				
6	购买/租用厂房				
7	新建生产线				
8	在建生产线				
9	生产线转产				
10	变卖生产线				
11	开始下一批生产				
12	应收账款收现				
13	按订单交货				
14	厂房出售/买转租/退租/租转买				
15	产品研发投资				
16	新市场开拓				
17	ISO 资格认证投资				
18	支付管理费/更新厂房租金				
19	紧急采购（随时进行）				
20	出售库存（随时进行）				
21	厂房贴现（随时进行）				
22	应收账款贴现（随时进行）				
23	其他				
24	季末入库合计				
25	季末出库合计				
26	季末数额对账［1＋24＋25］				
年末	缴纳违约订单罚款				
	支付设备维修费				
	计提折旧				（　）
	结账				

表 3—100　　第 7 年现金流量表　　单位：W

项目	第 1 季	第 2 季	第 3 季	第 4 季
长期贷款（+）				
短期贷款（+）				
现金贷款（+）				
应收账款到期（+）				
应收账款贴现（+）				
变卖生产线（+）				
变卖原材料（+）				
变卖产成品（+）				
变卖/贴现厂房（+）				
其他（+）				
收入总计				
支付上年应交税金				
广告费				
归还长期贷款及利息				
贴现费用				
归还短期贷款及利息				
原材料采购支付现金				
购买厂房				
转产费				
生产线投资				
生产加工费用				
产品研发费				
租金				
行政管理费				
市场开拓费				
ISO 认证费				
维护费				
违约罚款				
成品采购支付现金				
其他				
支出总计				
现金余额				

第 7 年企业财务报表

表 3—101　　综合费用明细表　　单位：W

项目	金额
管理费	
广告费	
维护费	
损失	
转产费	
租金	
市场开拓费	
产品研发费	
ISO 认证费	
信息费	
合　计	

表 3—102　　利润表　　单位：W

项目	年初数	期末数
销售收入		
直接成本		
毛利		
综合费用		
折旧前利润		
折旧		
支付利息前利润		
财务费用		
税前利润		
所得税		
年度净利润		

表 3—103　　资产负债表　　单位：W

资产	年初数	期末数	负债及所有者权益	年初数	期末数
流动资产：			负债：		
现金			长期负债		
应收账款			短期负债		
在制品			特别贷款		
产成品			应交所得税		
原材料			—	—	—
流动资产合计			负债合计		
固定资产：			所有者权益：		
厂房			股东资本		
机器设备			利润留存		
在建工程			年度净利润		
固定资产合计			所有者权益合计		
资产总计			负债和所有者权益总计		

8. 第 8 年运营

完成第 8 年运营，并填写表 3—104 至表 3—117。

表 3—104　第 8 年广告费投放登记

年度	市场类型＼广告费＼产品	P1	P2	P3	P4
第 8 年	本地				
	区域				
	国内				
	亚洲				
	国际				

表 3—105　第 8 年重要决策信息

市场战略	产品战略	厂房		生产线		产品研发	市场开拓	ISO 认证	筹资策略		
		租	买	类型	数量				长期贷款（W）	短期贷款（W）	
										Q1	
										Q2	
										Q3	
										Q4	

表 3—106　第 8 年产量预估

	P1	P2	P3	P4
Q1				
Q2				
Q3				
Q4				
合计				

表 3—107　第 8 年库存登记信息

产品	P1	P2	P3	P4
数量				
原材料	R1	R2	R3	R4
数量				

表 3—108　第 8 年可销售量预估

	P1	P2	P3	P4
Q1				
Q2				
Q3				
Q4				
合计				

表 3—109　　第 8 年原材料采购计划

季度 / 原材料	期初库存数量	采购数量			
		Q1	Q2	Q3	Q4
R1					
R2					
R3					
R4					

表 3—110　　第 8 年资金预算

季度 / 事项	Q1	Q2	Q3	Q4
期初存量				
预计本季流入				
预计本季支出				
预计资金缺口				

表 3—111　　第八年融资计划　　单位：W

季度 / 方式	Q1	Q2	Q3	Q4
长期贷款				
短期贷款				
贴现				
其他				

表 3—112　　第 8 年运营结果信息记录表

厂房		生产线		研发产品		市场		ISO 认证		筹资（W）				
租	买	类型	数量	已完成	在研	已完成	开拓中	已完成	开发中	长期贷款	短期贷款		其他	
											Q1		Q1	
											Q2		Q2	
											Q3		Q3	
											Q4		Q4	

表 3—113　　　　**第 8 年运营记录表**

年初		新年度规划会议				
		投放广告/登记销售订单				
		制定新年度计划				
		支付应付税金				
		支付长期贷款利息				
		更新长期贷款/长期贷款还款				
		申请长期贷款				
		现金/原材料/在制品/产品库存台账	一季度	二季度	三季度	四季度
	1	季初盘点				
	2	短期贷款还本付息				
	3	申请短期贷款				
	4	原材料入库				
	5	下原材料订单				
	6	购买/租用厂房				
	7	新建生产线				
	8	在建生产线				
	9	生产线转产				
	10	变卖生产线				
	11	开始下一批生产				
	12	应收账款收现				
	13	按订单交货				
	14	厂房出售/买转租/退租/租转买				
	15	产品研发投资				
	16	新市场开拓				
	17	ISO 资格认证投资				
	18	支付管理费/更新厂房租金				
	19	紧急采购（随时进行）				
	20	出售库存（随时进行）				
	21	厂房贴现（随时进行）				
	22	应收账款贴现（随时进行）				
	23	其他				
	24	季末入库合计				
	25	季末出库合计				
	26	季末数额对账［1＋24＋25］				
年末		缴纳违约订单罚款				
		支付设备维修费				
		计提折旧				（ ）
		结账				

表 3—114　　第 8 年现金流量表　　单位：W

项目	第 1 季	第 2 季	第 3 季	第 4 季
长期贷款（+）				
短期贷款（+）				
现金贷款（+）				
应收账款到期（+）				
应收账款贴现（+）				
变卖生产线（+）				
变卖原材料（+）				
变卖产成品（+）				
变卖/贴现厂房（+）				
其他（+）				
收入总计				
支付上年应交税金				
广告费				
归还长期贷款及利息				
贴现费用				
归还短期贷款及利息				
原材料采购支付现金				
购买厂房				
转产费				
生产线投资				
生产加工费				
产品研发费				
租金				
行政管理费				
市场开拓费				
ISO 认证费				
维护费				
违约罚款				
成品采购支付现金				
其他				
支出总计				
现金余额				

第 8 年企业财务报表

表 3—115　综合费用明细表　单位：W

项目	金额
管理费	
广告费	
维护费	
损失	
转产费	
租金	
市场开拓费	
产品研发费	
ISO 认证费	
信息费	
合　计	

表 3—116　利润表　单位：W

项目	年初数	期末数
销售收入		
直接成本		
毛利		
综合费用		
折旧前利润		
折旧		
支付利息前利润		
财务费用		
税前利润		
所得税		
年度净利润		

表 3—117　资产负债表　单位：W

资产	年初数	期末数	负债及所有者权益	年初数	期末数
流动资产：			负债：		
现金			长期负债		
应收账款			短期负债		
在制品			特别贷款		
产成品			应交所得税		
原材料			—	—	—
流动资产合计			负债合计		
固定资产：			所有者权益：		
厂房			股东资本		
机器设备			利润留存		
在建工程			年度净利润		
固定资产合计			所有者权益合计		
资产总计			负债和所有者权益总计		

9. 企业经营结果分析

将经营数据导入 Excel 中进行分析（表 3—118 至表 3—120），包括企业盈利能力分析、企业偿债能力分析和营运能力分析。

表 3—118　　各年综合费用明细表信息　　单位：W

项目＼年度	第 1 年	第 2 年	第 3 年	第 4 年	第 5 年	第 6 年	第 7 年	第 8 年
管理费								
广告费								
维护费								
损失								
转产费								
租金								
市场开拓费								
ISO 认证费								
产品研发费								
信息费								
合计								

表 3—119　　各年利润表信息　　单位：W

项目＼年度	第 1 年	第 2 年	第 3 年	第 4 年	第 5 年	第 6 年	第 7 年	第 8 年
销售收入								
直接成本								
毛利								
综合费用								
折旧前利润								
折旧								
支付利息前利润								
财务费用								
税前利润								
所得税								
年度净利润								

表 3—120 各年资产负债表信息 单位：W

年度 项目	第1年	第2年	第3年	第4年	第5年	第6年	第7年	第8年
现金								
应收账款								
在制品								
产成品								
原材料								
流动资产合计								
厂房								
机器设备								
在建工程								
固定资产合计								
资产总计								
长期负债								
短期负债								
特别贷款								
应交所得税								
负债合计								
股东资本								
利润留存								
年度净利润								
所有者权益合计								
负债和权益总计								

第四篇

案例篇

ERP

案例一

团队构建案例

团队展示流程案例，如表 4—1 所示。

表 4—1

团队展示流程表

公司名称	S—RUNNING
口号	冲出亚洲　走向国际
LoGo	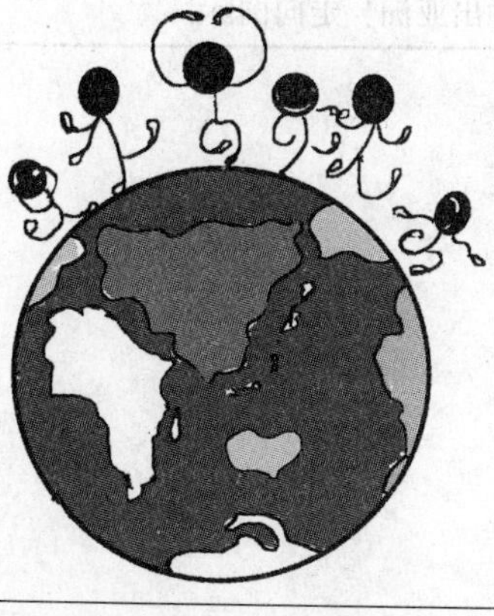
演示过程	手语操 20 秒
背景音乐	《相信自己无极限》 开始分钟数：00∶38（前奏）～00∶58（开始），01∶18（暂停）
团队介绍	我们团队的表演每次都是如此精彩，从来不会让我失望。下面请允许我来介绍一下我们的团队。 我们团队的名称是 S—RUNNING 寓意 SIX RUNNERS CHASING THE DREAM TO EXPLOIT THE INTERNATIONAL MARKET. 我们的队伍是一支在追梦路上永不停息、永不放弃的团队。 团队 LOGO 寓意为：充满活力与干劲的 6 人小组内心环抱着一个国际梦，我们想要走得很远，我们踏出的每一步都是坚实而又欢快的，我们享受一步步共同实现梦想的过程。

成员介绍	—曾雪瑶 咄咄逼人的眼神，玲珑精巧的嘴唇，伶牙俐齿的她总是能以优异的价格和最贴心的顾客体验称王营销界，现为公司营销总监。
	—曾钊晖 身份证显示出生年份为 1993 年，实际年龄不明。萌呆的外表下隐藏着的是一颗充满了购物欲望的心，疯狂却会算计使他成功晋升为我们公司的采购一把手。
	—彭芳 湖南辣妹子。只要有辣椒作为主菜，这位姑娘便可以心甘情愿埋首实验室，用自己的智慧创造出公司引以为傲的新产品！为我们公司在激烈的市场竞争中赢得了一席之地。
	—邓斌驰 云浮罗定大地主，因不满颓废平庸、不愁吃穿的生活，决定要追寻自己的梦想——当一个高级技工。此精英受聘于我们公司，现任生产总监。
	—梁安琪 看似神经大条，内心却细腻如丝，温婉如水，深受总经理青睐，受聘为我们公司的财务总监，与财务小蜜也保持了多年的深厚友谊。
	—梁涣林 公司终极 CEO，有着萝莉的外表，御姐的内心，高端大气是她的生活品味，低调隐忍是她的生活态度！她总是说，皮草就应该反着穿！
团队介绍就此结束，团队，请再次喊出我们的口号：冲出亚洲！走向国际！	

案例二

模拟年资金流预算

在实验中，学习者在模拟企业运营一开始就面临着资金短缺的状况，因此，他们需要作出应该筹集多少资金、选择何种渠道筹集、什么时候筹集等各种决策。但事实上，很多初学者往往会凭着自己的感觉走，结果是要么借了大量资金却闲置，同时每年还要支付高额的财务费用；要么借的资金不够用，出现资金链的断裂，导致企业破产。究竟要筹集多少资金，何时筹集这些资金，成为困扰学习者的难题。实际上，ERP 的本质就是强调企业的整体观，它将生产、财务、销售、采购、研发等结合成一个一体化的系统。所以，解决这一难题的关键就是要应用 ERP 的管理思想。下面，我们以模拟年背景为例，体验一下应该如何科学地做出资金预算。

第一节　模拟年生产安排演示

模拟年生产安排中，各种提前期关系，如表 4—2 所示。

表 4—2　　模拟年各种提前期关系示意表

		模拟年				第 2 年			
		Q1	Q2	Q3	Q4	Q1	Q2	Q3	Q4
生产线	手工 1			在建/建成					
	手工 2			在建/建成					
	手工 3			在建/建成					
	半自动	在建	在建	建成					
研发	P1	在研	研发完成						
下订	M1		下订（4）		下订（1）	下订（3）			

续前表

		模拟年				第2年			
		Q1	Q2	Q3	Q4	Q1	Q2	Q3	Q4
采购	M1			到达（4）		到达（1）	到达（3）		
生产	手工1（P1）			开始生产	在制	在制	开始生产	在制	在制
	手工2（P1）			开始生产	在制	在制	开始生产	在制	在制
	手工3（P1）			开始生产	在制	在制	开始生产	在制	在制
	半自动（P1）			开始生产	在制	开始生产	在制	开始生产	在制
入成品库	P1					P1（1）	P1（3）	P1（1）	
市场开拓	本地				开发完毕				
销售	P1					P1（1）	P1（3）	P1（1）	
说明：下订（1）表示下订1个原料，P1（1）代表1个P1产品。									

第二节　订单选择方案

若第二年产能不变，且生产线均生产P1，订单选择方案如表4—3所示。

表4—3　　订单选择方案类型

P1	Q1	Q2	Q3	Q4
产量	1	3	1	0
累计产量	1	4	5	5
可销售量	≤1	≤4	≤5	≤5
订单选择	≤1	≤4	≤5	≤5

第三节　资金预算

一、不贷款

由于模拟年没有订单，因此销售收入为0。根据模拟年重要经营决策结果，结合规则，如若不贷款，则模拟企业资金预算，如表4—4所示。可以看出：资金在模拟年的第三季度出现负缺口，即企业面临着资金流断裂的风险。

表 4—4　　模拟年资金预算表（不贷款）　　单位：W

		模拟年			
		Q1	Q2	Q3	Q4
股东资本		600			
资金流入	销售收入	0	0	0	0
	贷款	0	0	0	0
资金流出	广告费				
	购买厂房	400			
	研发 P1	10	10		
	生产线	50	50	150	
	原材料			40	
	加工费			40	
	市场开拓费				10
	行政管理费	10	10	10	10
	维护费				40
资金缺口		130	60	−180	−240
结论：要想维持正常运营，可通过贷款改变资金缺口状态。					

二、期初长期贷款 400 万元

由于企业不贷款意味着企业面临着资金流断裂的风险，假如只考虑第二年的广告投入和维持基本的生产，企业可向银行长期贷款 400W。这时，资金缺口就会从负变正，如表 4—5 所示。

表 4—5　　模拟年资金预算表（贷款 400W）　　单位：W

		模拟年			
		Q1	Q2	Q3	Q4
股东资本		600			
资金流入	销售收入	0	0	0	0
	贷款	400			
资金流出	广告费				
	购买厂房	400			
	研发 P1	10	10		
	生产线	50	50	150	
	原材料			40	

续前表

		模拟年			
		Q1	Q2	Q3	Q4
资金流出	加工费			40	
	市场开拓费				10
	行政管理费	10	10	10	10
	维护费				40
资金缺口		530	460	220	160

案例三

“创世纪”经营资金预算编制

在“商战”实践平台下，共有 18 支竞赛团队，初始权益为 650W。其中，“创世纪”团队共有 6 位成员，针对当时市场情况以及对手情况，制定出了开局 4 条手工线、4 条租赁线的布局，有序地铺上了 8 条生产线。后期根据情况再决定是否进行扩产。

表 4—6 至表 4—8 是该团队前三年资金预算。

表 4—6 **第 1 年资金预算** 单位：W

初始权益	650	第 1 季	第 2 季	第 3 季	第 4 季
年度规划（年初现金）		650			
贴现	1Q				
	2Q				
	3Q				
	4Q				
贴息		0			
信息费					
广告费		0			
应交税金					
长期贷款利息					
偿还长期贷款					
申请长期贷款		0			
季初现金		650	319	388	207
偿还短期贷款					
支付利息					

续前表

初始权益	650	第 1 季	第 2 季	第 3 季	第 4 季
申请短期贷款		109	109	129	129
原材料入库		0	0	40	0
购买厂房		400（中厂房）			
新建/在建生产线				200（4 条手工线）	
生产线转产					
生产线变卖					
紧急采购					
下一批生产		0	0	40	0
更新应收账款			0	0	0
按订单交货（0 账期）		0	0	0	0
产品研发		30	30	20	10
厂房处理（包括租用）					
出售库存		0	0	0	0
新市场开拓					50
ISO 资格认证					10
违约罚款					
设备维护费用					40
支付行政管理费		10	10	10	10
季末现金		319	388	207	216

表 4—7　　　　第 2 年资金预算　　　　单位：W

初始权益	650	第 1 季	第 2 季	第 3 季	第 4 季
年度规划（年初现金）		216			
贴现	1Q				
	2Q				
	3Q				
	4Q				
贴息		0			
信息费					
广告费		200			
应交税金		0			
长期贷款利息		0			
偿还长期贷款		0			
申请长期贷款		404			

续前表

初始权益	650	第1季	第2季	第3季	第4季
季初现金		420	135	150	294
偿还短期贷款		109	109	129	129
支付利息		5	5	6	6
申请短期贷款		109	289	309	149
原材料入库		200	110	90	40
购买厂房					
新建/在建生产线					
生产线转产					
生产线变卖					
紧急采购					
下一批生产		80	40	80	40
应收账款前现金缺口		正常	正常	正常	正常
预计更新应收账款		50	0	150	140
按订单交货（0账期）					
产品研发					
厂房处理（包括租用）		40			
出售库存		0	0	0	0
新市场开拓					30
ISO资格认证					30
违约罚款					0
设备维护费用					260
支付行政管理费		10	10	10	10
季末现金		135	150	294	38

表4—8　　第3年资金预算　　单位：W

初始权益	650	第1季	第2季	第3季	第4季
年度规划（年初现金）		38			
贴现	1Q				
	2Q	640			
	3Q				
	4Q				

续前表

初始权益	650	第 1 季	第 2 季	第 3 季	第 4 季
贴息		64			
信息费					
广告费		134			
应交税金		0			
长期贷款利息		40			
偿还长期贷款		0			
申请长期贷款		0			
季初现金		440	307	330	160
偿还短期贷款		109	289	309	149
支付利息		5	14	15	7
申请短期贷款			182	309	149
原材料入库		240	60	140	80
购买厂房					
新建/在建生产线					
生产线转产					
生产线变卖					
紧急采购					
下一批生产		80	40	80	40
应收账款前现金缺口		正常	正常	正常	正常
预计更新应收账款		90	110	30	0
按订单交货					
产品研发					10
厂房处理（包括租用）		40			
出售库存		0	0	0	0
新市场开拓					20
ISO 资格认证					20
违约罚款					0
设备维护费用					260
支付行政管理费		10	10	10	10
季末现金		307	330	160	1

案例四

“时光之旅”ERP 沙盘实操案例

第一节　公司基本信息

“时光之旅”公司基本信息，如表 4—9 所示。

表 4—9　　　　公司基本信息

股东资本	700W	经营年限	7 年
公司名称	时光之旅	学校	广东金融学院
组织结构	总裁：洪娟玲 采购总监：孟骁，王雅琳 生产总监：刘嘉薇	购务总监：赵燕婷，宋碧春 市场总监：林晓婉	
公司宣言	穿越时光，永恒之旅		
市场环境	10 组竞争，10 组标准订单		

第二节　公司运营状态信息

一、研发认证信息

“时光之旅”研发认证信息，如表 4—10 所示。

表 4—10　　　　“时光之旅”研发认证信息表

市场开拓			
名称	开拓费（W/年）	周期（年）	完成时间
本地	10	1	第 1 年 4 季
区域	10	1	第 1 年 4 季

续前表

名称	开拓费（W/年）	周期（年）	完成时间
国内	10	2	第2年4季
亚洲	10	3	第3年4季
国际	10	4	第4年4季
产品研发			
名称	研发费（W/年）	周期（年）	完成时间
P1	10	2	第1年4季
P2	10	4	第1年4季
P3	10	6	第2年2季
P4	20	6	第5年2季
ISO认证			
名称	研发费（W/年）	周期（年）	完成时间
ISO9000	10	2	第2年4季
ISO14000	20	2	第3年4季

二、厂房与生产线信息

"时光之旅"厂房与生产线信息，如表4—11所示。

表4—11　　"时光之旅"厂房与生产线信息表

厂房信息					
名称	状态	容量	购价（W）	售价（W）	置办时间
大厂房	购买	0/6	400	400	第1年1季
小厂房	购买	0/4	300	300	第4年2季
大厂房	购买	0/6	400	400	第5年2季
小厂房	购买	0/4	300	300	第6年2季
生产线信息					
名称	厂房	产品	累计折旧（W）	建成时间	开建时间
自动线	大厂房	P2	120	第2年1季	第1年1季
柔性线	大厂房	P3	160	第2年1季	第1年1季
柔性线	大厂房	P3	160	第2年1季	第1年1季
自动线	大厂房	P2	120	第2年1季	第1年2季
自动线	大厂房	P3	120	第3年1季	第2年2季
自动线	大厂房	P3	90	第4年1季	第3年2季
自动线	小厂房	P3	60	第5年1季	第4年2季
自动线	小厂房	P3	60	第5年1季	第4年2季
自动线	小厂房	P4	60	第5年3季	第4年4季
自动线	小厂房	P4	60	第5年3季	第4年4季

续前表

名称	厂房	产品	累计折旧（W）	建成时间	开建时间
自动线	大厂房	P4	30	第6年1季	第5年2季
自动线	大厂房	P4	30	第6年1季	第5年2季
自动线	大厂房	P4	30	第6年1季	第5年2季
自动线	大厂房	P4	30	第6年3季	第5年4季
自动线	大厂房	P4	30	第6年3季	第5年4季
自动线	大厂房	P4	30	第6年3季	第5年4季
自动线	小厂房	P1	0	第7年1季	第6年2季
自动线	小厂房	P1	0	第7年1季	第6年2季
自动线	小厂房	P2	0	第7年1季	第6年2季
自动线	小厂房	P3	0	第7年1季	第6年2季

三、订单信息

“时光之旅”订单信息，如表4—12所示。

表4—12　　“时光之旅”订单信息表

市场	产品	数量	总价（W）	得单年份	交货期（季）	账期（季）	ISO	交货时间
区域	P3	1	80	第2年	4	3		第2年4季
区域	P2	4	270	第2年	4	2		第2年4季
区域	P1	2	90	第2年	4	2		第2年3季
本地	P2	2	130	第2年	4	2		第2年2季
本地	P1	2	110	第2年	4	2		第2年2季
国内	P3	3	260	第3年	4	2		第3年1季
国内	P3	2	160	第3年	4	2		第3年4季
国内	P2	4	310	第3年	4	2		第3年2季
区域	P3	4	300	第3年	4	2		第3年3季
区域	P2	4	310	第3年	4	2		第3年4季
区域	P1	2	110	第3年	4	2		第3年4季
本地	P3	2	170	第3年	4	2	ISO9000	第3年2季
本地	P2	3	230	第3年	4	2		第3年4季
亚洲	P3	4	350	第4年	4	3		第4年4季
亚洲	P2	5	300	第4年	4	2		第4年4季
国内	P3	4	330	第4年	4	2		第4年1季
区域	P3	4	330	第4年	4	2		第4年3季
区域	P2	4	300	第4年	4	2	ISO9000	第4年2季

续前表

市场	产品	数量	总价（W）	得单年份	交货期（季）	账期（季）	ISO	交货时间
本地	P3	2	180	第4年	4	2		第4年2季
本地	P2	1	90	第4年	4	0		第4年1季
国际	P3	4	340	第5年	4	2		第5年2季
国际	P3	2	150	第5年	4	0		第5年1季
国际	P2	3	240	第5年	4	2		第5年2季
国际	P2	2	140	第5年	4	3	ISO9000	第5年1季
亚洲	P4	2	200	第5年	4	2	ISO14000	第5年4季
亚洲	P3	4	350	第5年	4	3		第5年4季
亚洲	P3	2	170	第5年	4	1		第5年3季
亚洲	P2	3	210	第5年	4	3	ISO14000	第5年3季
国内	P3	2	160	第5年	4	2		第5年3季
本地	P3	1	100	第5年	4	2	ISO9000	第5年1季
国际	P4	4	380	第6年	3	2		第6年1季
国际	P4	2	180	第6年	3	1		第6年2季
国际	P3	4	340	第6年	4	3		第6年2季
国际	P3	3	240	第6年	4	3		第6年4季
国际	P3	2	170	第6年	4	2		第6年2季
国际	P2	4	270	第6年	4	3		第6年4季
国际	P2	4	300	第6年	4	2	ISO14000	第6年3季
亚洲	P4	4	380	第6年	4	2	ISO9000	第6年4季
亚洲	P4	1	100	第6年	4	3	ISO9000	第6年1季
亚洲	P3	4	340	第6年	4	3		第6年3季
亚洲	P3	2	180	第6年	4	0	ISO9000	第6年1季
亚洲	P2	4	270	第6年	4	1		第6年1季
国内	P4	2	170	第6年	4	1		第6年2季
国内	P4	4	390	第6年	4	2	ISO9000	第6年3季
国内	P3	1	90	第6年	4	1	ISO9000	第6年4季
国内	P2	4	260	第6年	4	3		第6年4季
区域	P4	1	100	第6年	1	2	ISO14000	第6年1季
本地	P4	2	190	第6年	4	2		第6年3季
本地	P3	4	330	第6年	4	1	ISO9000	第6年1季
国际	P4	4	380	第7年	3	2		第7年2季

续前表

市场	产品	数量	总价（W）	得单年份	交货期（季）	账期（季）	ISO	交货时间
国际	P4	3	280	第7年	3	3		第7年2季
国际	P4	2	190	第7年	3	2		第7年1季
国际	P3	4	340	第7年	4	2		第7年3季
国际	P3	3	250	第7年	4	2		第7年4季
国际	P3	2	170	第7年	4	2		第7年4季
国际	P2	3	190	第7年	3	3		第7年3季
国际	P2	3	220	第7年	3	1	ISO9000	第7年1季
国际	P1	4	220	第7年	3	2		第7年3季
国际	P1	3	170	第7年	3	1		第7年2季
国际	P1	3	170	第7年	3	1		第7年2季
亚洲	P4	4	380	第7年	4	2	ISO9000 ISO14000	第7年2季
亚洲	P4	2	200	第7年	4	0	ISO9000 ISO14000	第7年3季
亚洲	P3	3	250	第7年	4	4	ISO9000 ISO14000	第7年4季
亚洲	P3	5	440	第7年	4	3	ISO9000	第7年2季
国内	P4	4	410	第7年	4	3	ISO9000 ISO14000	第7年3季
国内	P4	2	200	第7年	1	0	ISO9000	第7年1季
国内	P3	4	310	第7年	3	2		第7年1季
区域	P4	3	290	第7年	2	0	ISO9000 ISO14000	第7年1季
区域	P2	3	180	第7年	3	2	ISO9000 ISO14000	第7年2季
本地	P4	3	270	第7年	4	1	ISO9000 ISO14000	第7年3季

第三节　经营记录

“时光之旅”1—7年经营记录，如表4—13至表4—19所示。

表4—13　　“时光之旅”第1年经营记录表

年初	新年度规划会议		
	投放广告/登记销售订单		
	制定新年度计划		
	支付应付税金		
	支付长期贷款利息		
	更新长期贷款/长期贷款还款		
	申请长期贷款	120（4Y）（4年期120万元）	

	现金/原材料/在制品/产品库存台账	一季度				二季度				三季度				四季度			
1	季初盘点				820				230				50				120
2	短期贷款还本付息																
3	申请短期贷款									300				300			
4	原材料入库																
5	下原材料订单											2		2	2	2	
6	购买/租用厂房	−400															
7	新建生产线	−150（2P1柔，P2自）				−50（P2自）											
8	在建生产线					−100				−200				−200			
9	生产线转产																
10	变卖生产线																
11	开始下一批生产																
12	应收账款收现																
13	按订单交货																
14	厂房出售/买转租/退租/租转买																
15	产品研发投资	−30（P1，P2，P3）				−20（P2，P3）				−20（P2，P3）				−30（P1，P2，P3）			
16	新市场开拓													−50			
17	ISO资格认证投资													−10			
18	支付管理费/更新厂房租金	−10				−10				−10				−10			
19	紧急采购（随时进行）																
20	出售库存（随时进行）																
21	厂房贴现（随时进行）																
22	应收账款贴现（随时进行）																
23	其他																
24	季末入库合计																
25	季末出库合计																
26	季末数额对账［1＋24＋25］				230				50				120				
年末	缴纳违约订单罚款																
年末	支付设备维修费																
年末	计提折旧													（ ）			
年末	结账													120			

表 4—14 “时光之旅”第 2 年经营记录表

年初	新年度规划会议																
	投放广告/登记销售订单	−92															
	制定新年度计划																
	支付应付税金																
	支付长期贷款利息	−12															
	更新长期贷款/长期贷款还款																
	申请长期贷款																
	现金/原材料/在制品/产品库存台账	一季度				二季度				三季度				四季度			
1	季初盘点				17				7				337				319
2	短期贷款还本付息									−315				−315			
3	申请短期贷款	100				500				470				300			
4	原材料入库				−60				−60				−100				−100
5	下原材料订单	2	2	4	2	2	2	4	2	2	2	5	2	2	2	5	2
6	购买/租用厂房																
7	新建生产线					−50（P3 自）											
8	在建生产线									−50				−50			
9	生产线转产									2P1 柔转 2P3							
10	变卖生产线																
11	开始下一批生产				−40				−40				−40				−40
12	应收账款收现													210			
13	按订单交货																
14	厂房出售/买转租/退租/租转买																
15	产品研发投资	−10（P3）				−10（P3）								−30			
16	新市场开拓													−30			
17	ISO 资格认证投资																
18	支付管理费/更新厂房租金	−10				−10				−10				−10			
19	紧急采购（随时进行）																
20	出售库存（随时进行）																
21	厂房贴现（随时进行）																
22	应收账款贴现（随时进行）									30（−3）							
23	其他																
24	季末入库合计																
25	季末出库合计																
26	季末数额对账［1+24+25］				7				337				319				
年末	缴纳违约订单罚款																
	支付设备维修费													−40			
	计提折旧													（ ）			
	结账													214			

表 4—15 “时光之旅”第 3 年经营记录表

	项目	一季度				二季度				三季度				四季度			
年初	新年度规划会议																
年初	投放广告/登记销售订单	−138															
年初	制定新年度计划																
年初	支付应付税金																
年初	支付长期贷款利息	−12															
年初	更新长期贷款/长期贷款还款																
年初	申请长期贷款	50（3Y），14															
	现金/原材料/在制品/产品库存台账	一季度				二季度				三季度				四季度			
1	季初盘点				128				530				500				322
2	短期贷款还本付息	−116				−525				−494				−315			
3	申请短期贷款	298				489				469				309			
4	原材料入库				−110				−120				−130				−150
5	下原材料订单	3	2	5	3	3	2	5	3								
6	购买/租用厂房																
7	新建生产线					−50（P3 自）											
8	在建生产线									−50				−50			
9	生产线转产																
10	变卖生产线																
11	开始下一批生产				−50				−50				−50				−50
12	应收账款收现	90				226				6				446			
13	按订单交货																
14	厂房出售/买转租/退租/租转买													−40			
15	产品研发投资																
16	新市场开拓																
17	ISO 资格认证投资																
18	支付管理费/更新厂房租金																
19	紧急采购（随时进行）	−20			−20				−20					−120		−210	
20	出售库存（随时进行）																
21	厂房贴现（随时进行）	44（−4），334（−34）				34（−4）				90（−9）							
22	应收账款贴现（随时进行）																
23	其他																
24	季末入库合计																
25	季末出库合计																
26	季末数额对账［1＋24＋25］				530				500				322				
年末	缴纳违约订单罚款																
年末	支付设备维修费													−50			
年末	计提折旧													（−140）			
年末	结账													82			

表 4—16　　　　　　　　　　　　**“时光之旅”第 4 年经营记录表**

	序号	项目	一季度	二季度	三季度	四季度
年初		新年度规划会议				
年初		投放广告/登记销售订单	−108			
年初		制定新年度计划				
年初		支付应付税金	−38			
年初		支付长期贷款利息	−18			
年初		更新长期贷款/长期贷款还款				
年初		申请长期贷款	340（4Y）			
		现金/原材料/在制品/产品库存台账	一季度	二季度	三季度	四季度
	1	季初盘点	348	564	686	373
	2	短期贷款还本付息	−313	−513	−492	−324
	3	申请短期贷款	469	169	329	849
	4	原材料入库	−150	−130	−150	−150
	5	下原材料订单				
	6	购买/租用厂房		−30		
	7	新建生产线		−100（2P3 自）		−100（2P4 自）
	8	在建生产线			−100	−100
	9	生产线转产	P2 柔转 P3	P2 柔转 P3	P3 柔转 P2	P2 柔转 P3
	10	变卖生产线				
	11	开始下一批生产	−60	−60	−60	−50
	12	应收账款收现	300	710	190	480
	13	按订单交货				
	14	厂房出售/买转租/退租/租转买				
	15	产品研发投资	−20（P4）	−20（P4）	−20（P4）	−20（P4）
	16	新市场开拓				−10
	17	ISO 资格认证投资				−10
	18	支付管理费/更新厂房租金	−10	−10	−10	−10
	19	紧急采购（随时进行）		−20		
	20	出售库存（随时进行）				
	21	厂房贴现（随时进行）				
	22	应收账款贴现（随时进行）	100（−10）	140（−14）		
	23	其他				
	24	季末入库合计				
	25	季末出库合计				
	26	季末数额对账［1+24+25］	564	686	373	
年末		缴纳违约订单罚款				
年末		支付设备维修费				−60
年末		计提折旧				（−170）
年末		结账				878

表 4—17　　　　　　　　　　“时光之旅”第 5 年经营记录表

	项目	金额
年初	新年度规划会议	
	投放广告/登记销售订单	−165
	制定新年度计划	−98
	支付应付税金	
	支付长期贷款利息	−52
	更新长期贷款/长期贷款还款	−120
	申请长期贷款	104（2Y）

	现金/原材料/在制品/产品库存台账	一季度	二季度	三季度	四季度
1	季初盘点	547	524	556	450
2	短期贷款还本付息	−492	−177	−345	−891
3	申请短期贷款	449	909	369	989
4	原材料入库	−250	−210	−320	−260
5	下原材料订单				
6	购买/租用厂房		−400		
7	新建生产线		−150（3P4 自）		
8	在建生产线	−100	−100	−150	−150
9	生产线转产	2P3 转 2P2	2P2 转 2P3	2P3 转 2P4	
10	变卖生产线				
11	开始下一批生产	−80	−80	−100	−100
12	应收账款收现	480	300	450	540
13	按订单交货				
14	厂房出售/买转租/退租/租转买				
15	产品研发投资	−20	−20		
16	新市场开拓				
17	ISO 资格认证投资				
18	支付管理费/更新厂房租金	−10	−40	−10	−10
19	紧急采购（随时进行）				
20	出售库存（随时进行）				
21	厂房贴现（随时进行）				
22	应收账款贴现（随时进行）				350（−35），160（−16）
23	其他				
24	季末入库合计				
25	季末出库合计				
26	季末数额对账［1+24+25］	524	556	450	
年末	缴纳违约订单罚款				
	支付设备维修费				−100
	计提折旧				（−200）
	结账				777

表 4—18 “时光之旅”第 6 年经营记录表

		一季度				二季度				三季度				四季度			
年初	新年度规划会议																
年初	投放广告/登记销售订单	−335															
年初	制定新年度计划																
年初	支付应付税金	−88															
年初	支付长期贷款利息	−51															
年初	更新长期贷款/长期贷款还款	−64															
年初	申请长期贷款	294 (1Y)															
	现金/原材料/在制品/产品库存台账	一季度				二季度				三季度				四季度			
1	季初盘点				513				552				973				785
2	短期贷款还本付息	−471				−954				−384				−1 038			
3	申请短期贷款	1 120				909				369				989			
4	原材料入库				−480				−480				−400				−450
5	下原材料订单																
6	购买/租用厂房																
7	新建生产线					−200 (2P1 自，P2 自，P3 自)											
8	在建生产线	−150				−150				−200				−200			
9	生产线转产	2P4 转 2P3				2P3 转 2P2											
10	变卖生产线																
11	开始下一批生产				−130				−13				−160				−150
12	应收账款收现	180				1 010				640				270			
13	按订单交货																
14	厂房出售/买转租/退租/租转买					−30											
15	产品研发投资																
16	新市场开拓																
17	ISO 资格认证投资																
18	支付管理费/更新厂房租金	−10				−40				−10				−10			
19	紧急采购（随时进行）	−20												−105			
20	出售库存（随时进行）																
21	厂房贴现（随时进行）																
22	应收账款贴现（随时进行）					450 (−4)，90 (−9)								290 (−29)			
23	其他																
24	季末入库合计																
25	季末出库合计																
26	季末数额对账 [1+24+25]				552				973				785				
年末	缴纳违约订单罚款																
年末	支付设备维修费													−160			
年末	计提折旧													(−320)			
年末	结账													192			

表 4—19　　　　**“时光之旅”第 7 年经营记录表**

		项目	一季度	二季度	三季度	四季度
年初		新年度规划会议				
年初		投放广告/登记销售订单	−382			
年初		制定新年度计划				
年初		支付应付税金	−281			
年初		支付长期贷款利息	−74			
年初		更新长期贷款/长期贷款还款	−398			
年初		申请长期贷款	2921（5Y）			
		现金/原材料/在制品/产品库存台账	一季度	二季度	三季度	四季度
	1	季初盘点	2 932	3 116	1 911	3 373
	2	短期贷款还本付息	−1 176	−954	−387	−1038
	3	申请短期贷款	1 120	909	369	989
	4	原材料入库	−670	−570	−500	−590
	5	下原材料订单				
	6	购买/租用厂房				
	7	新建生产线				
	8	在建生产线				
	9	生产线转产			2P1 转 2P3	
	10	变卖生产线				
	11	开始下一批生产	−200	−200	−200	−200
	12	应收账款收现	1 170	220	2 190	830
	13	按订单交货				
	14	厂房出售/买转租/退租/租转买		−600		
	15	产品研发投资				
	16	新市场开拓				
	17	ISO 资格认证投资				
	18	支付管理费/更新厂房租金	−10	−10	−10	−10
	19	紧急采购（随时进行）	−50			
	20	出售库存（随时进行）				
	21	厂房贴现（随时进行）	340（−34），720（−72）			
	22	应收账款贴现（随时进行）			30（−3）	
	23	其他				
	24	季末入库合计				
	25	季末出库合计				
	26	季末数额对账［1+24+25］	3 116	1 911	3 373	
年末		缴纳违约订单罚款				
年末		支付设备维修费				−200
年末		计提折旧				（−360）
年末		结账				3 334

第四节　财务报表

“时光之旅”财务报表，如表 4—20 至表 4—22 所示。

表 4—20　“时光之旅”综合费用表　单位：W

年度	第 1 年	第 2 年	第 3 年	第 4 年	第 5 年	第 6 年	第 7 年
管理费	40	40	40	40	40	40	40
广告费	0	91	138	108	165	355	382
维护费	0	40	50	60	100	160	200
损失	0	0	230	10	0	75	20
转产费	0	0	0	0	0	0	0
租金	0	0	0	30	30	60	0
市场开拓费	50	30	20	10	0	0	0
产品研发费	100	20	0	80	40	0	0
ISO 认证费	10	30	20	0	0	0	0
信息费	0	0	0	0	0	0	0
合计	200	251	498	338	375	690	642

表 4—21　“时光之旅”利润表　单位：W

年度	第 1 年	第 2 年	第 3 年	第 4 年	第 5 年	第 6 年	第 7 年
销售收入	0	680	1 850	1 880	2 060	4 680	5 510
直接成本	0	300	810	860	940	2 280	2 660
毛利	0	380	1 040	1 020	1 120	2 400	2 850
综合费用	200	251	498	338	375	690	642
折旧前利润	−200	129	542	682	745	1 710	2 208
折旧	0	0	140	170	200	320	360
支付利息前利润	−200	129	402	512	545	1 390	1 848
财务费用	0	45	133	119	192	268	348
税前利润	−200	84	269	393	353	1 122	1 500
所得税	0	0	38	98	88	281	375
年度净利润	−200	84	231	295	265	841	1 125

表 4—22　“时光之旅”资产负债表　单位：W

年度	第 1 年	第 2 年	第 3 年	第 4 年	第 5 年	第 6 年	第 7 年
现金	120	214	82	878	777	192	3 334

续前表

年度	第1年	第2年	第3年	第4年	第5年	第6年	第7年
应收账款	0	440	1 020	980	760	2 510	2 550
在制品	0	140	180	180	420	610	80
产成品	0	40	40	0	240	200	530
原材料	0	0	20	20	0	40	560
流动资产合计	120	834	1 342	2 058	2 197	3 552	7 054
厂房	400	400	400	400	800	800	1 400
机器设备	0	700	710	690	1 090	1 670	1 910
在建工程	700	150	150	400	600	600	0
固定资产合计	1 100	1 250	1 260	1 490	2 490	3 070	3 310
资产总计	1 220	2 084	2 602	3 548	4 687	6 622	10 364
长期贷款	120	120	184	524	508	738	3 261
短期贷款	600	1 380	1 565	1 816	2 716	3 387	3 387
特别贷款	0	0	0	0	0	0	0
所得税	0	0	38	98	88	281	375
负债合计	720	1 500	1 787	2 438	3 312	4 406	7 023
股东资本	700	700	700	700	700	700	700
利润留存	0	—200	—116	115	410	675	1 516
年度净利润	—200	84	231	295	265	841	1 125
所有者权益合计	500	584	815	1 110	1 375	2 216	3 341
负债和所有者权益总计	1 220	2 084	2 602	3 548	4 687	6 622	10 364

案例五

“夺宝奇兵”ERP 沙盘实验案例分析

第一节　模拟企业简介

模拟企业“夺宝奇兵”由 6 名成员组成，分别担任首席执行官（CEO）、财务总监（CFO）、生产总监（COO）、市场总监（CMO）、技术研究开发总监（CTO）和信息总监（CIO）。参与本次竞争的还有着另外 5 家模拟企业。起始年初，6 家企业的所有者权益和起始资金都为 100M（M 代表百万），均无任何生产设备。经过 8 年的激烈竞争后，“夺宝奇兵”以优异的成绩击败其余 5 家生产企业，它的经营之道值得我们参考与学习，也为我们提供了较好的实战案例（此案例模拟环境为用友“创业者”电子沙盘）。

第二节　运营前分析

一、产品与市场评估分析

在产品方面，各模拟生产企业可以选择 P 系列产品中的 P1、P2、P3、P4 产品进行生产。产品的具体属性值，如表 4—23 所示。

表 4—23　各产品属性值

名称	开发费用（M/季）	开发周期（季）	加工费（M/个）	直接成本（M/个）	产品组成
P1	1	2	1	2	R1
P2	1	4	1	3	R2＋R3
P3	1	6	1	4	R1＋R3＋R4
P4	2	6	1	5	R2＋R3＋R4

在市场方面，P 系列产品可在本地市场、区域市场、国内市场、亚洲市场和国际市场销售。分析各市场预测图，做出合适的产品销售策略。

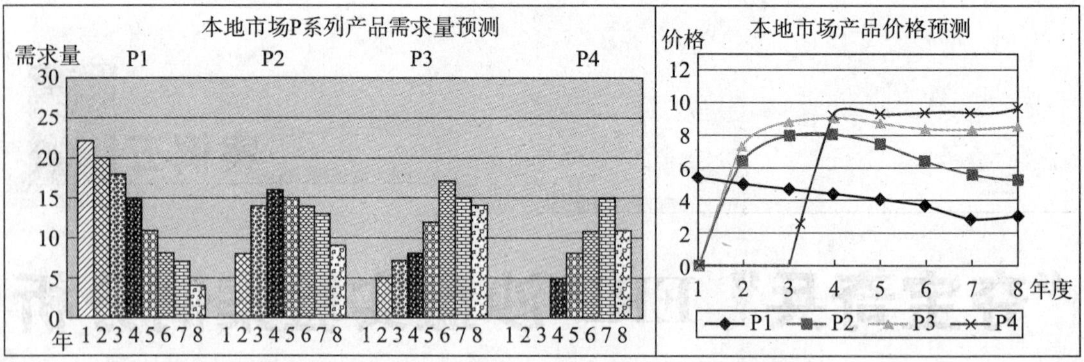

图 4—1　P 系列产品本地市场需求量与价格预测

P 系列产品本地市场需求量与价格预测，如图 4—1 所示。本地市场中 P1 产品需求量在逐年减少，价格也随之下滑。因此可以在前三年内大量竞单，以获取较高的利润。P2 产品在第 3 年和第 4 年的需求量大且销售价格高；P3 产品在第 3 年以后，价格较高且相对稳定，但需求量有波动；P4 产品在第 4 年开始可以销售，价格一直处于高位，利润也较高。

由于区域市场与本地市场的销售是同时开放的，而且销售的地域也有着直接的联系，因此，区域市场的产品需求量和价格走势与本地市场的走势相似，如图 4—2 所示。但因为区域市场的客户较多，因此产品的需求量相对稳定。

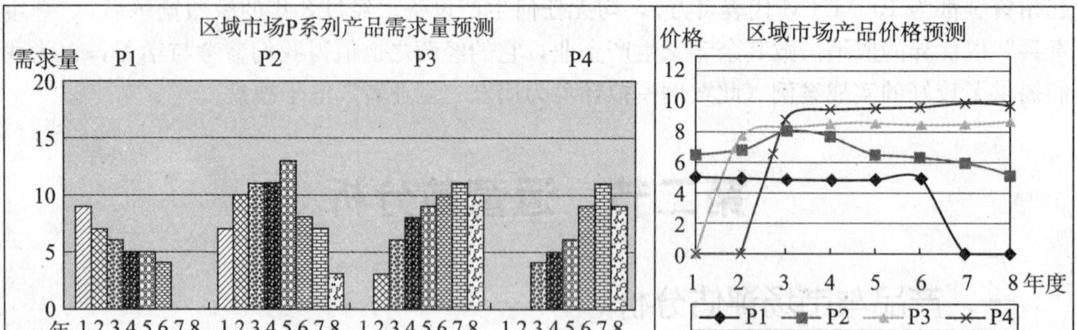

图 4—2　P 系列产品区域市场需求量与价格预测

国内市场在运营年第 3 年才能开放，国内市场 P 系列产品需求量与价格预测，如图 4—3 所示。P1 产品在第 3 年和第 4 年的需求量较大且价格也高；P2 产品在第 3 年、第 4 年和第 5 年的需求高且价格也较高；P3 产品的需求量逐年上升，价格也维持在较高的水平；P4 产品的需求量在第 5 年开始逐年上升，价格也随之上涨。

亚洲市场在第 4 年才能开放。亚洲市场 P 系列产品需求量与价格预测，如图 4—4 所示。P1 产品的销售可抓住第 4 年和第 5 年，需求量较大但价格不是太高；P2 产品的销售可抓住第 4 年、第 5 年和第 6 年，需求量一般但价格较高；P3 产品的需求量在逐

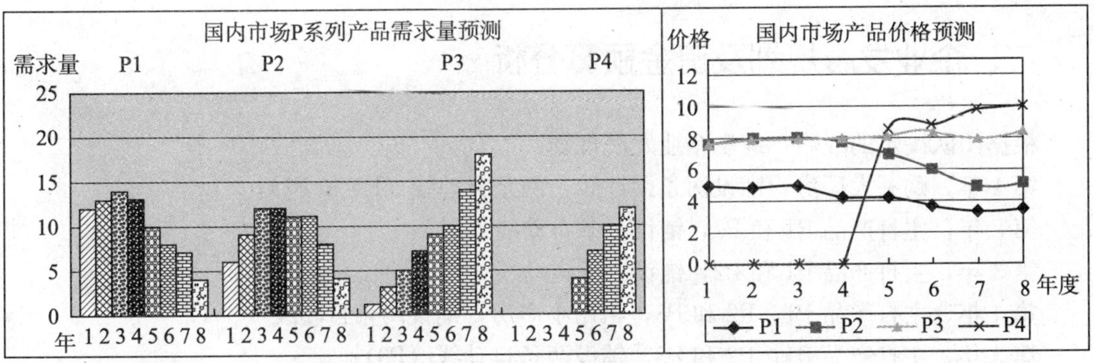

图 4—3　P 系列产品国内市场需求量与价格预测

年上升，且价格较高，可以适当竞单，提高利润；P4 产品的需求量也在逐年上升，价格维持在高位，利润较高。

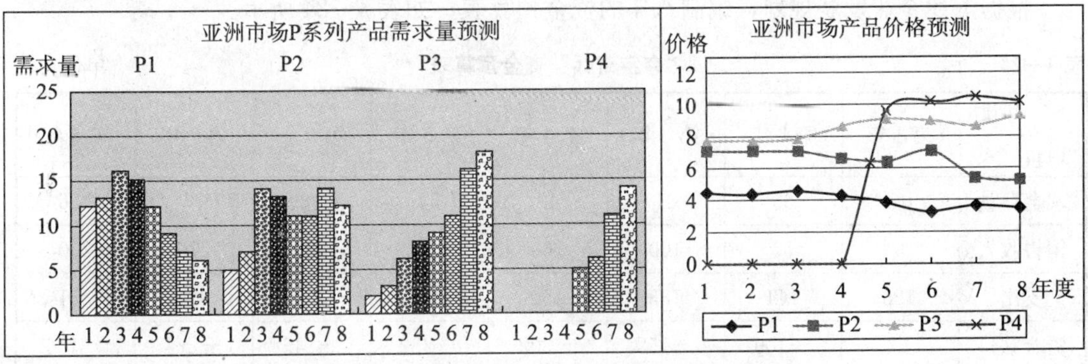

图 4—4　P 系列产品亚洲市场需求量与价格预测

国际市场在第 5 年开放。国际市场 P 系列产品需求量与价格预测，如图 4—5 所示。P1 产品的需求量在上升，价格也有所回升；P2 产品的需求量较大，价格较为稳定；P3 产品的销售可抓住第 7 年和第 8 年，需求量较大且价格也高；P4 产品的需求量在逐年上涨，价格维持在高位。

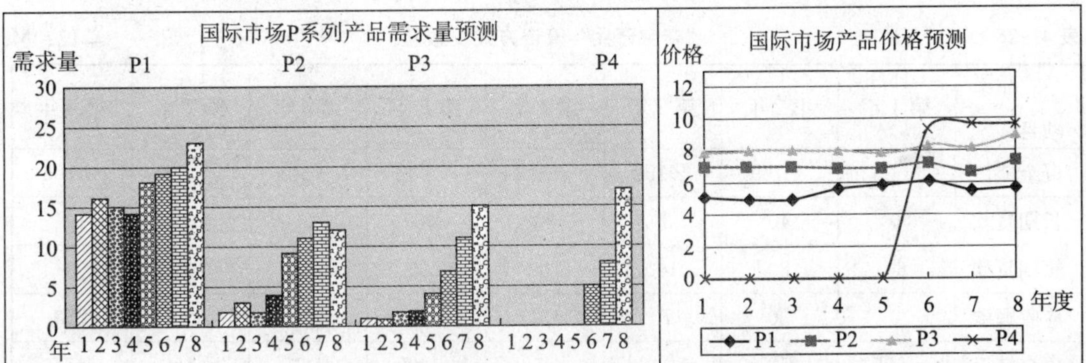

图 4—5　P 系列产品国际市场需求量与价格预测

二、企业发展规划及资金预算分析

根据团队决定的战略，编制企业发展规划：

第 1 年，购买大厂房，铺设两条柔性线、两条自动线（P1 和 P2）；

第 2 年，主打产品 P1 和 P2，铺设一条自动线（P1）；

第 3 年，主打产品 P1 和 P2，铺设一条自动线（P3）；

第 4 年，主打产品 P1、P2 和 P3，租用小产房，铺设两条自动线（P3）；

第 5 年，主打产品 P1、P2 和 P3，铺设两条自动线（P3）；

第 6 年，主打产品 P3 和 P1，由于 P2 的毛利较低，因此只生产小量的 P2，小厂房由租转买；

第 7 年，主打产品 P3 和 P1，小量的 P2；

第 8 年，主打产品 P3 和 P1。

根据上述企业发展规划，编制八年的资金预算表，如表 4—24 所示。

表 4—24　“夺宝奇兵”资金预算表　单位：M

项目＼年度	第 1 年	第 2 年	第 3 年	第 4 年	第 5 年	第 6 年	第 7 年	第 8 年
现金存量	100	35	31	48	58	88	77	126
销售收入	0	60	100	160	190	280	270	260
支出	125	144	183	250	290	331	351	331
资金缺口	−25	−109	−152	−202	−232	−243	−274	−105

注：支出包括产品成本、综合费用、财务费用和所得税。

筹资是指为了获得资金，企业筹集资金的活动。合理的筹资，能为企业的发展带来活跃的血液与强劲的动力，推动企业未来生产经营的发展和扩大了企业资产规模。因此，筹资决策是财务管理中极为重要的决策之一。可以看出，伴随着“夺宝奇兵”的快速发展，由于企业自身现金有限，可能随时出现断流危机。因此，“夺宝奇兵”制定的财务战略是通过利用银行贷款实现企业快速扩张。资金筹划方式及数量，如表 4—25 所示。

表 4—25　“夺宝奇兵”筹资方式及数量　单位：M

项目＼年度	第 1 年	第 2 年	第 3 年	第 4 年	第 5 年	第 6 年	第 7 年	第 8 年
资金缺口	−25	−109	−152	−202	−232	−243	−274	−105
长期贷款	0	40	30	30	40	0	0	0
短期贷款	60	80	100	100	100	120	100	0
应收账款	0	20	70	130	180	200	300	250
资金缺口	+35	+31	+48	+58	+88	+77	+126	+145

注：由于是运营前的预算，可以看出，表中的部分数据是预算值。

由表 4—25，可以看出，“夺宝奇兵”在 8 年内模拟运营资金状况较好，因此，其可以按此战略运营。

第三节　运营策略分析

根据实验任务，“夺宝奇兵”经历了从创业到发展的过程。“夺宝奇兵”在模拟运营的 8 年中，根据自身的企业发展条件和外部竞争环境不断地调整各种运营策略，如表 4—26 所示。

表 4—26　　“夺宝奇兵”1—8 年运营策略

运营年	战略	产品	市场	厂房生产线	产品研发 市场开拓 ISO 认证	财务	说明
第 1 年	双柔双自动开局，主打本地与区域的 P1 产品与 P2 产品。			大厂房（买） 柔性线 柔性线 自动（P1） 自动（P2）	P1、P2 本地、区域、国内、亚洲和国际	在第 2、3、4 季季初各申请：4 季 20M 的短期贷款。	双柔双自动开局，不仅有着足够的生产能力，而且增强了企业生产的灵活性。申请短期贷款，有利于降低财务费用，减轻企业运作的压力，同时，增强了企业的现金流，为企业的扩张提供了条件。
第 2 年	在调研其他企业信息之后，未来市场决定主打 P3 产品。	P1、P2	本地 区域	大厂房（买） 柔性线 柔性线 自动（P1） 自动（P2）	P3 国内、亚洲和国际 ISO9000、ISO14000	年初申请：5 年 40M 的长期贷款。 在第 2、3、4 季季初各申请：4 季 20 M 的短期贷款。	P3 产品的生产成本低于 P4 产品，减轻了企业的现金周转压力。长期贷款的申请，缓解了短期贷款还本付息的压力。长、短期贷款的结合，有利于提高企业的现金流转能力，为企业的扩张创造了条件。 预计第 4 年将有产品需要 ISO 认证，因此，企业也开始投资 ISO9000 和 ISO14000 的研发。
第 3 年	P3 产品已经研发完成，同时，由于 P3 产品的利润率较高，因此，扩大该产品的产能。	P1、P2、P3	本地 区域 国内	大厂房（买） 柔性线 柔性线 自动（P1） 自动（P1） 自动（P2）	亚洲、国际 ISO9000、ISO14000	年初申请：6 年 30M 的长期贷款。 在第 1、2、3、4 季季初各申请：4 季 20M 的短期贷款。	企业申请长、短期贷款的资金进而进行扩张。同时，也缓解企业采购大量原材料的压力。

续前表

运营年	战略	产品	市场	厂房生产线	产品研发 市场开拓 ISO认证	财务	说明
第4年	开局的战略为企业带来的良好优势，为了与其他竞争对手拉开差距，在保证良好的资金流转的同时，继续扩张产能。	P1、P2、P3	本地 区域 国内 亚洲	大厂房（买） 柔性线 柔性线 自动（P1） 自动（P1） 自动（P2） 自动（P3） 小厂房（租）	国际	年初申请：5年30M的长期贷款。 在第1、2、3季季初各申请：4季20M的短期贷款。 在第4季季初申请：4季40M的短期贷款。	虽然企业目前有着良好的优势，但由于P4产品的利润相对较高，在未来几年的运营竞争中，生产P4产品的企业有可能夺取我们的优势。因此，在财务预算允许的情况下，果断执行企业扩张计划。要抢在P4产品发力的前面，与其他竞争对手拉开距离。同时，企业扩张产能也为扩大销售额和抢占市场奠定了基础。
第5年	为了保持企业的领先优势，继续增设自动线生产P3产品。	P1、P2、P3	本地 区域 国内 亚洲 国际	大厂房（买） 柔性线 柔性线 自动（P1） 自动（P1） 自动（P2） 自动（P3） 小厂房（租） 自动（P3） 自动（P3）		年初申请：5年40M的长期贷款。 在第1、2、3季季初各申请：4季20M的短期贷款。 在第4季季初申请：4季40M的短期贷款。 在第2季1期贴现：20M。	企业选择继续扩张，再新建两条生产P3产品的自动生产线，一是保持了企业的领先优势，二是把企业的资源发挥到极限。在现金流短缺的时候，必要时可以选择应付款进行贴现。
第6年	在产能达到了极限，同时也在现金流充足的情况下，为了减少企业的费用，把小厂房由租转买。	P1、P2、P3	本地 区域 国内 亚洲 国际	大厂房（买） 柔性线 柔性线 自动（P1） 自动（P1） 自动（P2） 自动（P3） 小厂房（买） 自动（P3） 自动（P3） 自动（P3） 自动（P3）		在第1季季初申请：4季40M的短期贷款。 在第2、3季季初各申请：4季20M的短期贷款。 在第4季季初申请：4季40M的短期贷款。	之前的扩张为企业带来了较高的收入，为企业的发展奠定了稳固的基础，不必担忧企业会出现破产。同时，高收入为企业将小厂房租转买提供了条件。

续前表

运营年	战略	产品	市场	厂房生产线	产品研发 市场开拓 ISO 认证	财务	说明
第 7 年	生产企业的运营已上了发展的正常轨道，保持企业的正常运作。		本地 区域 国内 亚洲 国际	大厂房（买） 柔性线 柔性线 自动（P1） 自动（P1） 自动（P2） 自动（P3） 小厂房（买） 自动（P3） 自动（P3） 自动（P3） 自动（P3）		在第 1、2、3 季季初各申请：4 季 20M 的短期贷款。在第 4 季季初申请：4 季 40M 的短期贷款。 在第 1 季 1 期贴现：40M。	由于生产环境的限制，企业的生产设备已铺设完善。在产能与销售达到了较好的情况下，企业开始向银行偿还长期贷款，以降低企业的财务费用，提高企业的利润。
第 8 年	结束年，企业已经达到了成熟期，因此，保持正常的生产与销售。	P1、 P2、 P3	本地 区域 国内 亚洲 国际	大厂房（买） 柔性线 柔性线 自动（P1） 自动（P1） 自动（P2） 自动（P3） 小厂房（买） 自动（P3） 自动（P3） 自动（P3） 自动（P3）		在第 1 季 1 期贴现：20M。	在结束年，由于产能与销售都达到了一定值，难以进行大的变动，因此，采购与支出都相应减少，以减少企业的费用支出。

第四节　运营结果分析

“夺宝奇兵”经过 8 年的运营，以明显的优势取得了这次 ERP 沙盘模拟对抗赛的第一名。到运营结束时，所有者权益从年初的 100M 增加至 337M，提高了 237%，说明团队成员经过努力，有效地实现了企业价值的增加。

一、利润表分析

“夺宝奇兵”的利润表和资产负债表，如表 4—27 和表 4—28 所示。

表 4—27　　　　　　　　　　　　　　　　**“夺宝奇兵”利润表**　　　　　　　　　　　　　　　　单位：M

年度 项目	第 1 年	第 2 年	第 3 年	第 4 年	第 5 年	第 6 年	第 7 年	第 8 年
销售收入	0	59	107	154	164	290	283	260
直接成本	0	25	44	67	70	124	127	110
毛利	0	34	63	87	94	166	156	150
综合费用	15	30	27	29	24	30	33	39
财务费用	0	3	8	12	17	19	24	17

表 4—28　　　　　　　　　　　　　　　**“夺宝奇兵”资产负债表**　　　　　　　　　　　　　　　单位：M

年度 项目	第 1 年	第 2 年	第 3 年	第 4 年	第 5 年	第 6 年	第 7 年	第 8 年
流动资产	35	86	144	190	246	345	362	336
固定资产	110	120	126	139	149	153	135	120
资产总计	145	206	270	329	395	498	497	456
负债	60	120	170	207	248	282	220	119
所有者权益	85	86	100	122	147	216	277	337
负债和所有者权益总计	145	206	270	329	395	498	497	456

由“夺宝奇兵”的利润表和资产负债表可以看出：

第一，“夺宝奇兵”的销售收入在逐年上涨，第 5 年的增幅有所下降，是因为当年的产品并未全部卖出而导致销售收入的增幅有所减缓。在第 7 年与第 8 年，企业的产能受到生产条件的限制，只能生产一定数量的产品。同时，因为产品的价格下降，所以销售收入有所下降。

“夺宝奇兵”利润数据折线图更加直接展现出该企业利润表中数据的走势，如图 4—6 所示。

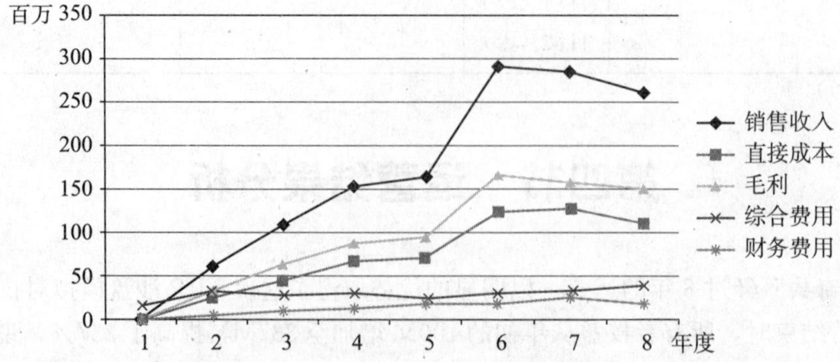

图 4—6　“夺宝奇兵”利润数据折线图

第二，“夺宝奇兵”的直接成本、毛利与其销售收入呈现正相关，当销售收入逐渐升高时，其直接成本和毛利也随之上涨，当销售收入降低时，其直接成本和毛利也一同下降，说明经营中企业成本控制合理。

第三，"夺宝奇兵"的综合费用除了第一年相对较低，其余各年的综合费用都相差无几。这是因为在企业经营初期（注：综合费用只包括了行政管理费、产品研发费与市场开拓费），产品研发费用与市场开拓费用在综合费用中占较大比重；在企业发展过程中，产品研发与市场开拓等方面的支出逐年减少，企业生产线的迅速扩张带来了较高的设备维修费用，同时，市场竞争加剧，企业自身产能也较大，企业生产的大量产品需要通过投入较高的广告费以获取更多的订单实现销售，因此企业各运营年的综合费用支出相差无几。

第四，"夺宝奇兵"的财务费用在企业发展上升期时逐年上涨。这主要是因为企业实施了扩张战略（注：企业实施扩张战略，需要承受新生产线的铺设和大量原材料采购费用，并负担加工费和设备维护费），需要向银行申请大量的长期贷款和短期贷款来为企业扩张创造资金条件，以缓解企业自身现金流的不足引发的流动型风险。在发展过程中，受到银行贷款额度限制，在现金流紧张时，通过应收账款贴现以缓解企业资金压力，使得财务费用有所增加。待企业发展至成熟期，有了相对充足的现金流（注：企业的生产线已铺设完善，高额的销售收入为企业带来了丰厚的利润），企业的偿债能力有所提高，偿还了部分长期贷款和减少了短期贷款的需求，企业的财务费用有所下降。

二、资产负债表分析

"夺宝奇兵"资产负债数据柱状图更加直接展现出该企业资产负债表中数据的趋势，如图4—7 所示。

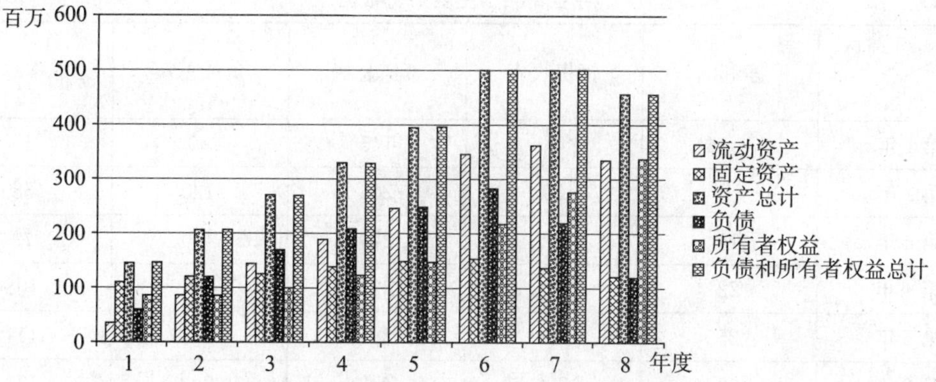

图 4—7　"夺宝奇兵"资产负债数据柱状图

企业的流动资产是由现金、应收账款、在制品、产成品和原材料组成的。由表 4—28 和图 4—7 可以看出，"夺宝奇兵"的流动资产在逐年增长，这是因为良好的企业规模加上相应的销售收入，带来了越来越多的现金与应收账款。同时，企业扩张有了较多的生产线，因此生产线上的在制品也越来越多。

企业的固定资产是由厂房、机器设备与在建工程组成的。"夺宝奇兵"选择在起始年购买大产房，是因为购买大厂房有利于减缓所有者权益的下降，同时，也为企业的扩张作下了铺垫。企业在扩张期存在大量的在建工程，在成熟期又购置小厂房，大量的生产线带来了折旧，折旧让固定资产产生损失，因此在企业发展期运营中，固定资产逐年有增，但幅度并不会太明显。而在企业成熟期，也因大量生产线的折旧，让企业的固定资产有所下降。

企业的总资产是企业的流动资产和固定资产的合计。“夺宝奇兵”的总资产在逐年上升，是因为其选择了迅速扩张的战略，从而形成了占据优势的规模经济，且带来了良好的规模效益。在结束年，总资产的下降是受到销售收入有所下降和减少了银行贷款的影响而造成的。

企业的负债是由长期贷款、短期贷款和所得税组成的。“夺宝奇兵”选择了迅速扩张的战略，生产线的铺设、大量原材料的采购和企业的高额运作成本，必然会给企业带来现金流吃紧的状况，因此，这时需要向银行申请长期贷款和短期贷款。企业处于发展的上升期，所有者权益的逐年上升为企业持续增长贷款提供了条件，大量的贷款也为企业的扩张创造了条件。

企业的所有者权益是由股东资本、利润留存和年度净利润组成的。“夺宝奇兵”的主要财务数据，如表4—29所示，在经营初期，股东资本低于起始股东资本，第1年无销售收入，加之综合费用的支出，使年度净利为负，造成了股东资本下降；第2年的销售收入较低，但年度净利开始转正，说明企业的运营能维持企业的正常运作；第3年的销售收入比第2年的高，年度净利润提高，使股东资本恢复至起始股东资本，说明企业的盈利能力在提高；从第4年开始，企业销售收入逐年增长，年度净利润也逐年上涨，因此，从第4年开始，企业的所有者权益已高于原始股东资本，说明企业迈入了盈利阶段。从第4年至第8年，企业一直在盈利，使得所有者权益也在逐年增长。

表4—29 **“夺宝奇兵”主要财务数据** 单位：M

年度＼项目	净利润	销售收入	资产总额	负债总额	成本总额
第1年	—15	0	145	60	15
第2年	1	59	206	120	58
第3年	14	107	270	170	79
第4年	22	154	329	207	108
第5年	25	164	395	248	111
第6年	69	290	498	282	173
第7年	61	283	497	220	189
第8年	60	260	456	119	168

注：成本总额＝直接成本＋综合费用＋财务费用。

三、主要财务数据分析

“夺宝奇兵”的权益乘数第1—5年一直在上升，权益乘数为2～5，资产负债率为50％～80％。权益乘数越大，说明企业负债程度越高，财务风险程度随之增加。究其原因是企业的快速扩张对资金需求增加的结果。但高风险也为企业带来了高收益，“夺宝奇兵”的净资产收益率第1—6年一直在上涨，说明了企业利用资产获取利润的能力不断增强。企业的权益乘数在第6年开始逐年下降，权益乘数越小，说明企业的负债程度越低，偿还债务能力越强，财务风险程度也越低。这是因为正确的战略为企业带来了丰厚的销售收入，现金的增加偿还了企业的部分债务，缓解了企业的债务压力，减少了企业的财务费用。

“夺宝奇兵”的总资产周转率第1—6年一直逐渐上涨，说明企业的资产得到了较好的利用，显示出企业取得了均比前一年较好的结果，也表明了企业利用其总资产产生销售收入的效率在不断增加，如表4—30所示。总资产周转率不断提高的同时，销售净利率也在不断增加，显示了企业销售收入的增加幅度高于其成本费用的增加幅度，证明“夺宝奇兵”在市场中竞争力较强，获利能力不断增强。后几年的总资产周转率趋势于平稳，说明企业发展变化不大，资产利用方面没取得好的进展，销售收入也趋势于平缓。究其原因，实验设计以八年为终结点，团队将更多精力从追求市场盈利转向债务偿还。

表4—30　　“夺宝奇兵”运营年财务指标

项目＼年度	第1年	第2年	第3年	第4年	第5年	第6年	第7年	第8年
净资产收益率（1）＝（2）*（3）*（4）	0	0.01	0.14	0.18	0.17	0.32	0.22	0.18
销售净利率（2）	0	0.02	0.13	0.14	0.15	0.24	0.22	0.23
总资产周转率（3）	0	0.29	0.39	0.47	0.42	0.58	0.57	0.57
权益乘数（4）＝1/〔1－(5)〕	1.71	2.40	2.70	2.70	2.69	2.31	1.79	1.35
资产负债率（5）	0.41	0.58	0.63	0.63	0.63	0.57	0.44	0.26

注：销售净利率＝净利润÷销售收入；总资产周转率＝销售收入÷资产总额；资产负债率＝负债总额÷资产总额；因保留小数点后2位，表中的指标有可能略有差异。

附 录

ERP

团队展示结果评分表

表 5—1　　团队展示结果评分表

团队编号	团队名称	分值				合计
		团队名称（1分～25分）	团队口号（1分～25分）	团队LOGO（1分～25分）	团队士气（1分～25分）	
1						
2						
3						
4						
5						
6						
7						
8						
9						
10						

评分团队 CEO：

附录二

市场预测数据（八组用）

竞争小组为8组时，可参考的市场预测数据，如表5—2至表5—3所示。

表5—2 市场预测表——均价（八个竞争小组使用）

序号	年份	产品	本地	区域	国内	亚洲	国际
1	第2年	P1	49.17	48.33	49.23	43.08	49.38
2	第2年	P2	62.73	67.69	78.89	70	70
3	第2年	P3	72	78.57	80	76.67	80
4	第3年	P1	46.52	50	50	45.62	49.33
5	第3年	P2	77.78	78.67	81.25	70	70
6	第3年	P3	82.22	78.89	82.22	76.67	80
7	第3年	P4	0	88	83.33	0	0
8	第4年	P1	44.21	48	44	40	57.5
9	第4年	P2	83	74.71	80.71	67.22	72.5
10	第4年	P3	89	85	82.73	87.27	80
11	第4年	P4	92	88.57	92	0	0
12	第5年	P1	41.67	48.75	42.86	38.33	57.27
13	第5年	P2	75	61.33	69.29	64.67	71.43
14	第5年	P3	88.57	91.82	81.67	89.17	76.67
15	第5年	P4	91.11	93.75	88	95	0
16	第6年	P1	36.67	44.29	39.17	33	60
17	第6年	P2	64.38	63.85	62.31	66.43	72.94
18	第6年	P3	84.21	83.08	84.62	89.23	82.5

续前表

序号	年份	产品	本地	区域	国内	亚洲	国际
19	第6年	P4	93.64	93.33	92.22	98.33	94
20	第7年	P1	30.91	0	35	35.71	55.77
21	第7年	P2	55.38	60	52.5	53.57	68.24
22	第7年	P3	83.53	84.17	81.25	87.22	83.33
23	第7年	P4	93.33	100	98.67	100.62	96.43
24	第8年	P1	30	0	32.86	35	56.55
25	第8年	P2	54.55	54	55	52.5	72.14
26	第8年	P3	85.71	87.27	84.76	89.13	86.36
27	第8年	P4	94.62	96	100	101.05	95.79

表5—3　　市场预测表——需求量（八个竞争小组使用）

序号	年份	产品	本地	区域	国内	亚洲	国际
1	第2年	P1	24	12	13	13	16
2	第2年	P2	11	13	9	7	3
3	第2年	P3	5	7	3	3	1
4	第3年	P1	23	11	18	16	15
5	第3年	P2	18	15	16	14	2
6	第3年	P3	9	9	9	6	2
7	第3年	P4	0	5	3	0	0
8	第4年	P1	19	10	20	15	16
9	第4年	P2	20	17	14	18	4
10	第4年	P3	10	10	11	11	5
11	第4年	P4	5	7	5	0	0
12	第5年	P1	18	8	14	12	22
13	第5年	P2	18	15	14	15	14
14	第5年	P3	14	11	12	12	9
15	第5年	P4	9	8	5	10	0
16	第6年	P1	12	7	12	10	23
17	第6年	P2	16	13	13	14	17
18	第6年	P3	19	13	13	13	12
19	第6年	P4	11	9	9	12	10
20	第7年	P1	11	0	10	7	26

续前表

序号	年份	产品	本地	区域	国内	亚洲	国际
21	第 7 年	P2	13	11	12	14	17
22	第 7 年	P3	17	12	16	18	15
23	第 7 年	P4	15	11	15	16	14
24	第 8 年	P1	4	0	7	6	29
25	第 8 年	P2	11	10	10	12	14
26	第 8 年	P3	14	11	21	23	22
27	第 8 年	P4	13	10	18	19	19

附录三

市场预测数据（十组用）

竞争小组为 10 组时，可参考的市场预测数据，如表 5—4 至表 5—5 所示。

表 5—4　　市场预测表——均价（十个竞争小组使用）

序号	年份	产品	本地	区域	国内	亚洲	国际
1	第 2 年	P1	50	48.12	50	43.08	49.38
2	第 2 年	P2	63.08	67.78	78.89	70	70
3	第 2 年	P3	72	78.89	80	76.67	80
4	第 3 年	P1	46.4	50.71	50	45.62	49.33
5	第 3 年	P2	77.39	78.33	81	70	70
6	第 3 年	P3	83.33	78.18	82.67	76.67	80
7	第 3 年	P4	0	88.57	84	0	0
8	第 4 年	P1	45	47.86	44.35	40.48	57.62
9	第 4 年	P2	82.69	74.74	80	67.62	67.78
10	第 4 年	P3	88.57	84.17	82.67	87.5	80
11	第 4 年	P4	92.86	88.57	91.25	0	0
12	第 5 年	P1	41.5	49	43.68	38	56.79
13	第 5 年	P2	75	61.88	68.95	64.12	72.94
14	第 5 年	P3	88.42	91.43	82	89.29	80.77
15	第 5 年	P4	91.82	92.5	90	95	0
16	第 6 年	P1	37.33	47.14	39.41	34.17	57.5
17	第 6 年	P2	64.29	63.57	63.53	66.25	73.91
18	第 6 年	P3	84.58	83.08	86.47	88.82	83.89

续前表

序号	年份	产品	本地	区域	国内	亚洲	国际
19	第6年	P4	93.85	94.17	93.33	97.86	94.62
20	第7年	P1	30.91	0	35.38	35.45	55.59
21	第7年	P2	55.56	60	53.12	53.57	69.09
22	第7年	P3	84.76	84.17	81.43	87.27	84.09
23	第7年	P4	93.12	98.75	98.42	99.5	96.32
24	第8年	P1	30	0	32.22	40	56.22
25	第8年	P2	54.62	54.17	55	52.31	72.11
26	第8年	P3	85.26	87.5	85.19	88.89	86.21
27	第8年	P4	95.26	95.83	99.52	100.45	96

表5—5　　　　市场预测表——需求量（十个竞争小组使用）

序号	年份	产品	本地	区域	国内	亚洲	国际
1	第2年	P1	30	16	15	13	16
2	第2年	P2	13	18	9	7	3
3	第2年	P3	10	9	3	3	1
4	第3年	P1	25	14	24	16	15
5	第3年	P2	23	18	20	14	2
6	第3年	P3	12	11	15	6	2
7	第3年	P4	0	7	5	0	0
8	第4年	P1	24	14	23	21	21
9	第4年	P2	26	19	20	21	9
10	第4年	P3	14	12	15	12	5
11	第4年	P4	7	7	8	0	0
12	第5年	P1	20	10	19	15	28
13	第5年	P2	24	16	19	17	17
14	第5年	P3	19	14	15	14	13
15	第5年	P4	11	12	8	10	0
16	第6年	P1	15	7	17	12	32
17	第6年	P2	21	14	17	16	23
18	第6年	P3	24	13	17	17	18
19	第6年	P4	13	12	12	14	13
20	第7年	P1	11	0	13	11	34

续前表

序号	年份	产品	本地	区域	国内	亚洲	国际
21	第7年	P2	18	13	16	14	22
22	第7年	P3	21	12	21	22	22
23	第7年	P4	16	16	19	20	19
24	第8年	P1	4	0	9	8	37
25	第8年	P2	13	12	14	13	19
26	第8年	P3	19	12	27	27	29
27	第8年	P4	19	12	21	22	25

附录四

重要经营规则汇总

一、生产线

生产线经营规则，如表 5—6 所示。

表 5—6　　生产线经营规则表

名称	购买价格（W）	安装周期（季）	生产周期（季）	总转产费用（W）	转产周期（季）	维修费（W/年）	残值（W）	折旧费（W）	折旧时间（年）	分值
手工线	50	1	3	0	0	10	10	10	5 年	5
半自动	100	2	2	10	1	10	20	20	5 年	7
自动线	150	3	1	20	1	10	30	30	5 年	10
柔性线	200	4	1	0	0	10	40	40	5 年	10

（1）安装周期为 1，表示即买即用。
（2）不论何时出售生产线，价格为残值，净值与残值之差计入损失。
（3）只有空生产线方可转产。
（4）当年建成生产线需要交维修费。
（5）折旧（平均年限法）：建成第 1 年不进行折旧。

二、融资

融资规则，如表 5—7 所示。

表 5—7　　　　　　　　　　　　　　　　融资规则表

贷款类型	贷款时间	贷款额度	年息	还款方式	备注
长期贷款	每年年初	所有长、短贷款之和不超过上年权益3倍	10％	年初付息，到期还本	不小于 10W
短期贷款	每季度初		5％	到期一次还本付息	
资金贴现	任何时间	视应收款额	1季，2季：10％	变现时贴息	1，2期可以联合贴现
			3季，4季：12.5％		（3，4期同理）
库存拍卖	100％（产品）　80％（原料）				

三、厂房

厂房经营规则，如表 5—8 所示。

表 5—8　　　　　　　　　　　　　　　　厂房经营规则表

名称	购买价格（W）	租金（W/年）	出售价格（W）	容量	分值
大厂房	400	50	400	6	10
小厂房	300	30	300	4	7

（1）厂房出售得到 4 个账期的应收账款，紧急情况下可厂房贴现，直接得到现金。

（2）厂房租入后，一年后可作租转买、退租等处理，续租系统自动处理。

四、市场开拓

市场开拓规则，如表 5—9 所示。

表 5—9　　　　　　　　　　　　　　　　市场开拓规则表

名称	开发费（W）	开发时间（年）	分值
本地	10	1	0
区域	10	1	10
国内	10	2	10
亚洲	10	3	10
国际	10	4	10

五、ISO 资格认证

ISO 资格认证规则，如表 5—10 所示。

表 5—10 **ISO 资格认证规则表**

名称	开发费（W）	开发时间（年）	分值
ISO9000	10	2	10
ISO14000	20	2	10

（1）开发费用在年末平均支付，不允许加速投资，但可以中断投资。

（2）开发完成后，领取相应的资格证。

六、产品研发

产品研发规则，如表 5—11 所示。

表 5—11 **产品研发规则表**

名称	开发费（W）	开发时间（季）	加工费（W）	直接成本（W）	分值	产品组成
P1	10	2	10	20	10	R1
P2	10	4	10	30	10	R2、R3
P3	10	6	10	40	10	R1、R3、R4
P4	20	6	10	50	10	R2、R3、R4、R4

开发费用在季末平均支付，不允许加速投资，但可以中断投资。

七、原料设置

原料设置规则，如表 5—12 所示。

表 5—12 **原料设置规则表**

名称	购买单价（W）	提前期（季）
R1	10	1
R2	10	1
R3	10	2
R4	10	2

八、其他说明

（1）紧急采购：付款即到货，原材料价格为直接成本的 2 倍；成品价格为直接成本的 3 倍。

（2）选单规则：上年本市场销售额最高（无违约）者优先；其次，按本市场本产品广告额排序选单；再次，按本市场广告总额排序选单；最后，按市场销售排名选单。如仍无法决定，先投广告者先选单。

（3）破产标准：现金断流或权益为负。

（4）第一年无订单。

（5）交单可提前，不可推后，违约收回订单。

（6）违约金扣除——四舍五入；库存拍卖所得现金——四舍五入；贴现费用——向上取整；扣税——四舍五入；长、短期贷款利息——四舍五入。

（7）库存折价拍价，生产线变卖，紧急采购，订单违约记入损失。

（8）排行榜记分标准：

总成绩＝所有者权益×(1＋企业综合发展潜力÷100)

企业综合发展潜力＝市场资格分值＋ISO资格分值＋生产资格分值＋厂房分值＋各生产线分值

生产线建成（包括转产）即加分，无须生产出产品，也无须有在制品；厂房必须为买。

九、重要参数

经营规则中的重要参数，如表5—13所示。

表5—13 **重要参数**

违约金比例	20%	贷款额倍数	3倍
产品折价率	100%	原材料折价率	80%
长期贷款利率	10%	短贷利率	5%
一二期贴现率	10%	三四期贴现率	12.50%
初始现金	600W	管理费	10W
信息费	1W	所得税率	25%
最大长期贷款年限	5年	最小得单广告额	10W
原材料紧急采购倍数	2倍	产品紧急采购倍数	3倍
选单时间	40秒	首位选单补时	25秒
市场同开数量	1	市场领导者	有

注意：实际参数可能因具体设置而改变。

课前预习练习题

一、判断题

1. 企业模拟经营每年的工作分为年初、年中和年末。(　　)
2. 支付广告费的同时，系统将自动扣取应交税金、长期贷款利息及到期的长期贷款。(　　)
3. 应收账款不能部分贴现。(　　)
4. 系统中每步的操作都是不可逆的。(　　)
5. 生产线投资可以一次性付款。(　　)
6. 产品的研发不可以中断。(　　)
7. 生产线上有产品时可以转产。(　　)
8. 任何时候变卖生产线都只能得到对应残值金额的现金。(　　)
9. 第1年的第4季度租入的厂房，可以在第2年的第3季度作“租转买”处理。(　　)
10. 订单违约仍可延迟交货。(　　)
11. 生产线可以在不同厂房间搬迁。(　　)
12. 在系统中进行厂房贴现操作时可以部分贴现。(　　)
13. 本地市场不需要开发。(　　)
14. 市场领导者是指上一年某市场中所有产品的总销售额最高的公司。(　　)
15. 上一年本地市场领导者，本年本地市场P1、P2各投10W广告费，则P1、P2两个产品均可第一个选单。(　　)
16. 市场开发投资中断后允许继续投资。(　　)
17. 手工线即买即用。(　　)
18. 某年第1季度开始并持续投资建设的柔性生产线，当年末需交纳设备维护费。(　　)
19. 各组间可以相互交易原材料。(　　)
20. 组间交易为现金交易。(　　)

二、填空题

1. ERP是________________的缩写，中文含义是________________。
2. 现代企业竞争是________与________的竞争。
3. VBM是指以________为基础，以________________等职能部门为载体，以________为目的计划、组织、领导和控制的全过程。
4. 当年建成的生产线需支付________，建成的第2年需开始计提________。
5. 企业必须按时交货，否则视为违约，系统将在年末扣取________。
6. 企业可考虑进入的市场有________、________、________、________和________。
7. P1、P2、P3、P4的直接成本分别用________、________、________、________来表示。
8. 厂房在租入后的相应季度可作租转买、退租等处理，不作处理时，系统默认为________________。
9. 模拟企业可采用的融资渠道有________、________和________。
10. 生产线出售时，如果其净值大于残值（即没有计提完折旧），则净值大于出售残值的差额部分计入________。
11. 长期贷款每年年初支付________，到期________，短期贷款到期________。
12. 广告投放时，最低得单金额为________，投入10W至29W有获取________个订单的可能，投入30W至49W有获取________个订单的可能，依此类推，在最低得单金额的基础上，每增加20W的广告费有多获得一个订单的可能。
13. 厂房出售时，得到________，如厂房内有生产线，则为“卖转租”，系统同时扣除________。
14. 如原生产P1产品的生产线转为生产P2，称为________。
15. 现金断流或年末所有者权益为负数时，该企业________。
16. 如有一条在第1年的第4季度建成的全自动生产线，每年计提的折旧金额分别是：第1年年末为________，第2年年末为________，第3年年末为________，第4年年末为________，第5年年末为________，第6年年末为________。
17. 如有一条在第2年的第1季度建成的柔性生产线，每年需计提的折旧金额分别是：第2年年末为________，第3年年末为________，第4年年末为________，第5年年末为________，第6年年末为________，第7年年末为________。
18. 长期贷款申请的时间为每________初，短期贷款申请的时间为每________初。

三、选择题

1. 一张交货期为Q2的订单，按时交货后得到Q2的应收账款，何时可以收到现金？（　　）。

A. Q3　　B. Q4　　C. 下一年Q1　　D. 下一年Q2

2. 一张总销售额为164W的订单违约后，应缴纳多少罚金？（　　）

A. 31W　　B. 32W　　C. 33W　　D. 34W

3. 某市场现有甲、乙、丙、丁四家公司，该市场共有P1、P2、P3、P4四种产品，丁公司为上一年市场领导者，本年度广告投放情况为：甲公司 P1 投入 20W，P3 投入 13W；乙公司 P1 投入 20W，P4 投入 25W；丙公司 P1 投入 18W，P2 投入 19W，丁公司 P1、P2、P3 各投入 10W，则 P1 产品的选单顺序是（　　）。

A. 甲、乙、丙、丁　　B. 丁、乙、甲、丙

C. 甲、丙、丁、乙　　D. 丙、丁、甲、乙

4. 某模拟企业在经营中向系统紧急购买了 3 个 P2 产品（购买价格为直接成本的 3 倍），则其损失是（　　）

A. 30W　　B. 60W　　C. 90W　　D. 180W

5. 一条柔性线从第 1 年的第 1 季度开始持续投资建设，何时可以投产？（　　）

A. 第 1 年第 3 季度　　B. 第 1 年第 4 季度

C. 第 2 年第 1 季度　　D. 第 2 年第 2 季度

6. 某模拟企业于某年第 2 季度和第 4 季度分别归还了 209W 和 211W 的短期贷款，请问其当年需支付多少短贷利息？（　　）

A. 20W　　B. 21W　　C. 22W　　D. 23W

7. 某公司从第 1 年第 1 季度开始持续投资建设半自动线与全自动线各 2 条，均生产 P1，假设生产持续进行，到第 2 年第 2 季度末最多能产出几个 P1？（　　）

A. 4 个　　B. 6 个　　C. 8 个　　D. 10 个

8. 某公司本年初有一笔 5 年期 103W 和一笔 6 年期 102W 的长期贷款需支付利息，共支付多少？（　　）

A. 20W　　B. 21W　　C. 22W　　D. 23W

9. 某公司当年税前利润为 120W，以前年度利润为－90W，该公司是否应该交税？交多少？（　　）

A. 交税，30W　　B. 交税、8W　　C. 交税，7W　　D. 不用交税

10. 一个内有生产设备的大厂房进行厂房贴现操作后，现金增加（　　）。

A. 400W　　B. 350W　　C. 300W　　D. 其他

四、计算题（共 3 题）

1. 假设当前时间为第 3 年年初，且原料库中现有 2 个 R1，3 个 R3，3 个 R4，且 P3 无库存，要完成如下订单，如何确定采购期和采购数量。

P3（Y3，本地）
6×70W＝420W
ISO9000
账期：Q1　　交货：Q4

生产线以及产品在线情况如下图：

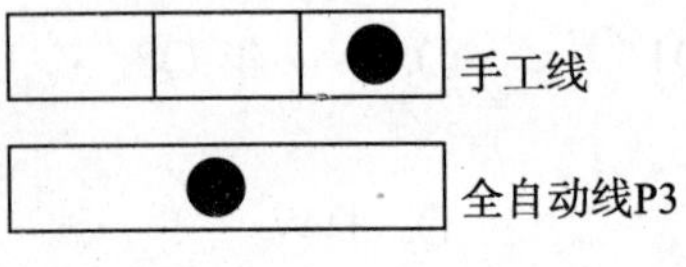

2. 某模拟企业某年年初生产线及产品在线情况如下，假设当年内不投资建设新生产线，

生产持续进行，请计算当年年末的产量。

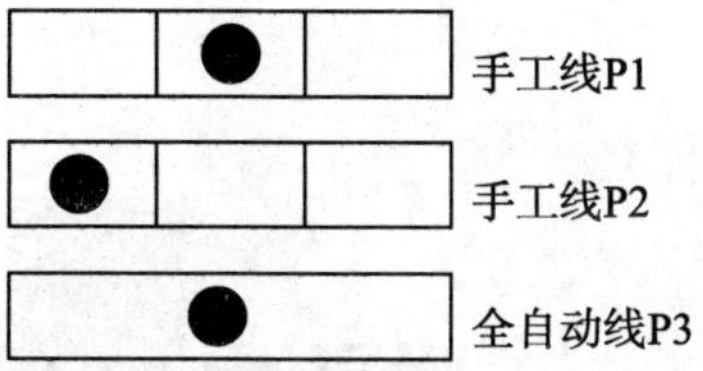

3. 假设初始资金为 700W，试根据你的战略规划完成企业模拟经营第 1 年年末的综合费用表、利润表和资产负债表。

五、思考题

1. 请比较各种融资渠道成本，制定企业模拟经营的筹资策略，并简述理由。
2. 请从投资回报的角度对手工线、半自动线、自动线和柔性线四种生产线的优劣进行比较，并思考模拟经营中应采用何种生产线组合，并简述理由。
3. 请思考首席执行官、生产总监、市场总监、财务总监和采购总监在企业经营中有哪些职责？你最想担任的是哪一个角色，理由是？

附录六

ERP 沙盘学习分享

ERP 沙盘课带给我的不仅是知识还有竞争的快乐。每次的模拟经营都让我收获丰厚。我总结了一些 ERP 沙盘学习经验，希望和学员一起分享。

一、发挥协同合作的团队精神

在团队的分工合作方面，每个人要职责明确，配合默契。

首席执行官专门负责做出战略规划和经营决策；财务总监专门负责资金规划和财务报表；市场总监专门负责投放广告和接订单；研发总监和市场总监合作根据市场需求研发产品，并做好生产线规划；信息总监负责到其他小组收集经营信息，并做好分析，定时向首席执行官汇报。

二、战略规则是企业的核心

战略规划很重要，一个企业要想长远发展，那么必须在前期做好战略规划。

企业起步的前三年都是投资年，如果前期没有收入，那么这个企业的所有者权益会下降，所以建设生产线的最好时间是第 1 年，因为这时可借资金较多，如果错过这个时期再建，不仅在生产上落后一步使前期收入过小，更可能因为前期投入大而收入小导致所有者权益降低。即便第 3 年市场拓宽了，企业想扩大生产，却发现自己无法筹集足够资金，从而面临破产的风险。

要充分调动社会资源为自己服务，当企业可以借钱时就应该合理运用贷款这种融资渠道，用别人的钱来为自己铺路。资源的闲置就是浪费，所以我们要充分利用贷款。但贷款也不是盲目的，要根据自己的需求。最大最有效地利用贷款。短期短款的利率是最低的，这意味着你可以用较低的成本获得自己需要的资金。但是，这并不表示长期贷款就不应该借，只是说在实际情况下多借短期贷款较为合理。在企业经营到第 3 年时，如果前期经营不善，那么这将是企业最困难的一年，因为前期收入小于支出，此时所有者权益太低，可能无法再增加借款并面临归还短期借款的需求。但如果你借的是长期贷款，不用每年归还，只要支付利息就可以。长期贷款最重要的作用就是在你的所有者权益降到最低的前一年借到，下一年就算所有者权益很低，这部分钱也不用归还，而且，刚好可以用来归还一部分上一年的短期贷款，并缓解整个公司的资金压力。

三、把握生产线的建设时间

生产线的建设规则是建成当年不计提折旧，那我们要如何去利用这条规则呢？如果生产线建好的时候刚好是每年的年初，那么我们就净赚了一年的折旧。别小看折旧，折旧直接损害的是所有者权益，所有者权益直接影响借款金额，也就关系企业生死。试想，如果你有 5 条全自动生产线，每条生产线一年的折旧是 30 万元，5 条就是 150 万元，相当于一条新的生产线的价格。一条新的生产线每年都可以给你带来收益，所以，把握生产线的建设时间非常重要。

四、广告的投入产出比

企业如果投入的广告费比其本身的产品收入要高上很多，说明这样的广告投放额是不合理的。高额的广告费加上产品本身的成本可能导致企业亏损，这就要求我们不能盲目投放广告，既要拿到足够的订单，也要节省广告费。

在投放广告时，我们在关注各个市场产品价格的同时还要兼顾产品的需求量，要学会拆单。例如，某市场的产品需求量只有 11 个，有 8 个小组，根据经验，一张订单的数量大概是 2～3 个，结合往年的投单情况，有 5 个组竞争，那么如果我们要在这个市场拿到订单，广告的投放额在 10～20 万元之间是比较合理的。因为竞争激烈，如果只投放比 10 万元多一点，那就有可能被排在最后或者拿不到订单，但投放过多就会造成浪费。

另外一个节省广告费的办法就是争夺并保住市场领导者的地位。市场领导者意味着拥有优先选单的资格，只要投放广告就可以优先选取优质订单，这是一个良性循环。但是，要保住市场领导者的地位必须保持自己在这个市场的销售额，这需要企业将产品投放到一个或几个市场中。

五、多产品多市场的战略

企业应根据市场需求以及产品的利润对比来确定本期的主打产品。通过对市场的分析，我们发现各个产品有以下几个特点：第一二年 P1 的市场需求大，而且同期利润比较高，所以在安排产能时可以侧重 P1 的生产。第三四年 P2 的市场需求大而且利润高；第五六年 P3 的需求以及同期利润比比较高；第七八年 P4 的市场需求和同期利润比高；P1 产品在第五年以后有很高的需求以及很高的利润。

六、生产采购最小库存化

在生产采购方面企业应实现最小库存化的控制。积压的库存会直接影响当年的销售收入，这会导致企业本年的所有者权益提升较慢，直接影响下一年的融资，所以生产出来的产品要及时卖掉，这样对公司的发展才是最有利的。如在经营手工沙盘时，规则显示可以批量订购原材料，这样可以延长原材料的付费时间，如果我们利用这个规则施行批量订购就可以缓解资金运转的压力，相当于利用了免费的高利贷，而且这样可以减少由于原材料计算错误所产生的损失。

七、及时了解市场动态

企业应及时了解市场动态，并根据实际情况及时调整自身战略。我们每时每刻都在关注市场动态，及时调整自身的经营战略，分析其他小组的广告投放、选单情况以及产品的需求量来确定本年的生产计划。

八、融资方式的选择以及财务费用的控制

公司经营的目标是提升所有者权益，这就要做到开源节流，开源就是提高销售收入，节流就是节省费用。

充分利用规则进行资金规划，因为除了贴现是向上取整，其他运算结果都是四舍五入的，那我们在借贷款的时候只要把利息控制在 0.5 以下，那么 0.5 以下的利息我们是不用支付的。四个季度的短期贷款加上长期贷款我们一共可以赚取 2.5 万元，这 2.5 万元可以用来获取其他公司的经营信息，并结合市场以及其他公司的信息及时调整广告以及生产计划。公司要扩大生产能力，建设新的生产线时要考虑公司的资金承受能力，尽量不要用贴现的钱来扩大生产，这样会使公司陷入贴现的死循环，不断地把后期的钱通过贴现的手段来提前使用，这样会直接损害所有者权益。提前使用应收账款要付利息，如果可以把要付出的钱推后支付，就等于免去这部分要支付的贴现费用，公司前期也有更多的钱用来投资，整个公司的资金链的运转也会比较高效。

九、总　结

沙盘的经营不仅仅是知识的运用，还可以让我更深刻地感受到许多做人的道理。要学会做事必须先学会做人。一个小小的细节就可能拖垮整个公司，真正的企业经营无法还原，每一次的决策就关乎公司的生死，所以我们要细心严谨，不能以马马虎虎的态度去对待。要学会倾听和协调，在沙盘的经营过程中团队的意见会出现分歧，我们要学会倾听他人的意见，并通过协调来达到一致的决策，不能太过专制。民主的企业文化会增加员工的参与度，提升员工的存在感，这样团队的协作效率才高。当我们要做一个决策时，不能只靠凭空臆想，要有现实依据支撑，考虑实际情况，根据现实去调整自己前进的方向，这样成功的几率就会比较高。

参考文献

[1] 尚晓玲，王小燕．ERP沙盘模拟实验．北京：经济科学出版社，2011.
[2] 孙金凤．ERP沙盘演练教程．北京：清华大学出版社，2010.
[3] 周玉清，刘伯莹，周强．ERP原理与应用教程．北京：清华大学出版社，2010.
[4] 张涛．企业资源计划（ERP）原理与实践．北京：机械工业出版社，2010.
[5] 尤建新，雷星晖．企业管理概论．北京：高等教育出版社，2010.
[6] 滕佳东．ERP沙盘模拟实训教程．大连：东北财经大学出版社，2009.
[7] 陈冰．ERP沙盘实战．北京：经济科学出版社，2008.
[8] Knight James A. 基于价值的经营，郑迎旭译．昆明：云南人民出版社，2002.
[9] 陈冰，王其文．企业经营实战—电子沙盘教程．北京：经济科学出版社，2008.
[10] 樊晓琪．ERP沙盘实训教程及比赛全攻略．上海：立信会计出版社，2009.
[11] 何晓岚，金晖．商战实践平台指导教程．北京：清华大学出版社，2012.
[12] 石岱峰．ERP沙盘模拟中的融资策略分析．北京：中国集体经济，2011（34）.
[13] 王春旭．ERP沙盘教学和对抗赛中学生出现的常见问题分析．长春：长春大学学报，2010（12）.
[14] 许军．运用预算工具做好ERP沙盘模拟对抗．太原：会计之友，2010（6）.
[15] 李云宏．浅析ERP沙盘模拟中的筹资管理．沈阳：辽宁经济管理干部学院学报，2008（1）.

教师信息反馈表

为了更好地为您服务，提高教学质量，中国人民大学出版社愿意为您提供全面的教学支持，期望与您建立更广泛的合作关系。请您填好下表后以电子邮件或信件的形式反馈给我们。

您使用过或正在使用的我社教材名称		版次	
您希望获得哪些相关教学资料			
您对本书的建议（可附页）			
您的姓名			
您所在的学校、院系			
您所讲授的课程名称			
学生人数			
您的联系地址			
邮政编码		联系电话	
电子邮件（必填）			
您是否为人大社教研网会员	□ 是，会员卡号：________ □ 不是，现在申请		
您在相关专业是否有主编或参编教材意向	□ 是　□ 否 □ 不一定		
您所希望参编或主编的教材的基本情况（包括内容、框架结构、特色等，可附页）			

我们的联系方式：北京市西城区马连道南街 12 号
中国人民大学出版社应用技术分社
邮政编码：100055
电话：010-63311862
网址：http://www.crup.com.cn
E-mail：smooth.wind@163.com